PAULO E VIRGÍNIA

Joel Rufino dos Santos

PAULO E VIRGÍNIA
O literário e o esotérico
no Brasil atual

Rio de Janeiro – 2001

Copyright © 2001 *by* Joel Rufino dos Santos

Direitos desta edição reservados à
EDITORA ROCCO LTDA.
Rua Rodrigo Silva, 26 – 5.º andar
20011-040 – Rio de Janeiro, RJ
Tel.: 2507-2000 – Fax: 2507-2244
e-mail: rocco@rocco.com.br
www.rocco.com.br

Printed in Brazil/Impresso no Brasil

preparação de originais
ANDRÉA DORÉ

tradução de textos em espanhol
JOSÉ LAURENIO DE MELO

CIP-Brasil. Catalogação-na-fonte
Sindicato Nacional dos Editores de Livros, RJ

S235p	Santos, Joel Rufino dos, 1941- Paulo e Virgínia: o literário e o esotérico no Brasil atual / Joel Rufino dos Santos. – Rio de Janeiro: Rocco, 2001 Inclui bibliografia ISBN 85-325-1303-1 1. Literatura e história – Brasil. I. Título.
01-1010	CDD - 869.909 CDU - 869.0(81).09

Sua história é comovente: mas nessa ilha situada
na rota das Índias, que europeu poderia se interessar
pelo destino de algumas pessoas obscuras? E quem mesmo
gostaria de viver ali, feliz, mas pobre e ignorado?
Os homens só querem conhecer as histórias dos grandes.
E dos reis, que não servem para nada.

                                     Bernardin de Saint Pierre. *Paul et Virginie.*

Para Teresa Guarido Solé

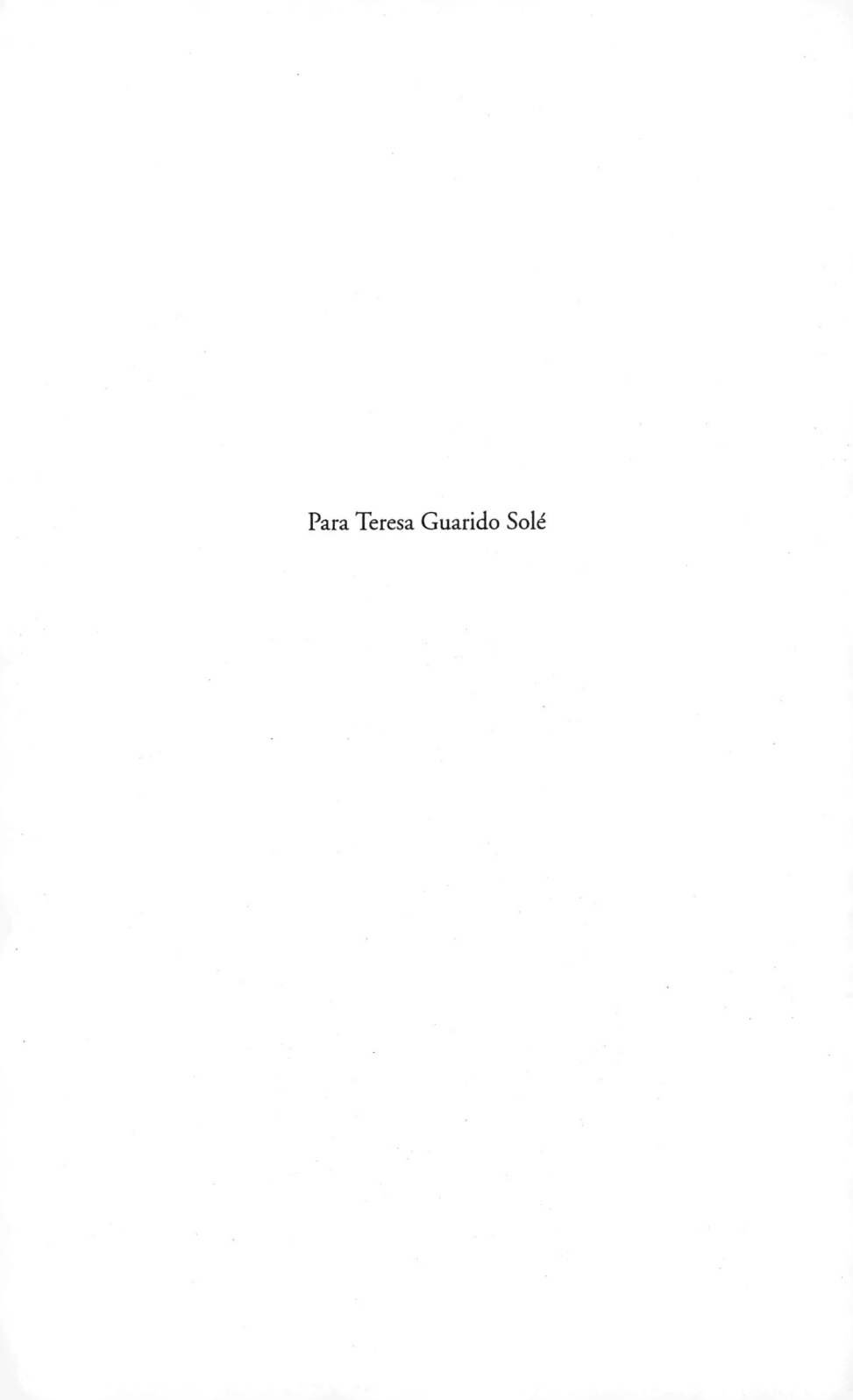

Na origem deste livro estão algumas pessoas a quem desejo agradecer.

Ao ocorrer o golpe de abril de 1964, eu era assistente da cadeira de história social do ISEB (Instituto Superior de Estudos Brasileiros), regido por Nelson Werneck Sodré. Em 1982, com a anistia, fui reintegrado ao ensino superior. Precisando de um diploma (o golpe me expulsara também da antiga Universidade do Brasil), o IFCS (Instituto de Filosofia e Ciências Sociais da UFRJ) me concedeu *Notório Saber*. Não era um favor, mas para isso se empenharam os professores José Luis Werneck da Silva e Horácio Macedo (já falecidos) e Lincoln de Abreu Penna. Reencetei a carreira universitária na Faculdade de Letras, a convite do então diretor Edvaldo Cafezeiro, e na Escola de Comunicação, dirigida por Emmanuel Carneiro Leão. A acolhida de ambos foi para mim indispensável e, vejo agora, decisiva.

Naquelas duas faculdades encontrei, em geral, paciência com minhas "provocações" – manifestações de um certo espírito polêmico que herdei de meu pai, Antônio Rufino dos Santos. Com risco de "esquecer" alguém, agradeço a Alcmeno de Santos Bastos, Godofredo de Oliveira Neto, Francisco Antônio Doria e Heloísa Buarque de Hollanda.

Fora da sala de aula, fui estimulado várias vezes por Teresa Garbayo dos Santos, Paulo Becker, Gisela Magalhães, Vânia Fróes e outras pessoas que, sabendo das minhas interrogações, souberam ouvi-las. Também por Ligia Costa Leite, que leu o original e opinou de bom grado.

Devo uma ou outra parte deste trabalho às intuições de Rodrigo Cerqueira do Nascimento, que se dedica com inteligência a um dos meus temas ("A religião sob a luz da comunicação de massa com o auxílio de um objeto concreto, as obras de Paulo Coelho"), a Sílvia Helena que, a partir de um campo diferente (moda), me ajudou a pensar aspectos do meu texto. Sou grato a Rosa Maria Araújo da Rocha que me ajudou, com perspicácia, a organizar o texto. Eles me demonstraram mais de uma vez ser o aluno o professor do professor.

A Muniz Sodré, por tanta e tão velha amizade, talvez não precise agradecer.

SUMÁRIO

Introdução 13

O Livro de Paulo 21
   Lyon 23
   Crime 27
   Polêmica 1 31
   Crise nas letras 43
   Polêmica 2 69
   Conclusão 84

O Livro de Virgínia 89
   Capitu do Itaim 91
   Paulo Coelho 100
   Sofia 109
   Confiança 114
   L'Ange et la souris 119
   Um cãozinho chamado Zen 126
   Esotéricos e pentecostais 132
   Separação 137

O Livro dos Dois 143

Referências bibliográficas 153

INTRODUÇÃO

Ainda não soara a segunda hora do dia 1º de janeiro de 1997 quando um desastre matou um casal no túnel Rebouças, zona sul do Rio. O Monza negro brilhante chocou-se com a traseira de um ônibus de turismo. De Virgínia Mattos Guerra, 43, e Paulo Sarmento Guerra, 56, pouco sobrou.

Paulo era doutor em letras pela Universidade Lumière, de Lyon. Além do livro *Noites,* de 1985, condensação de uma tese de doutorado, publicara diversos ensaios em revistas e antologias – no geral argutos e fundamentados. Tinha um certo escrúpulo sertanejo – era de Catolé do Rocha, Paraíba – em exibir opiniões duvidosas. No debate oral foi, porém, temível, lembrando aquele doutor Cláudio, presidente efetivo do Amor ao Saber, de *O Ateneu*. Não tinha habilidades sociais. Amava futebol, mas não, por exemplo, teatro, alegando, nesse caso, a boa companhia de Graciliano Ramos e Maupassant. Seu lazer era rede – tinha uma coleção *made* em Catolé – e cachaça, que consumia com parcimônia.

Virgínia era psicóloga *tout court* pela Universidade Lionesa. De volta ao Brasil, ingressara no mestrado da Escola de Comunicação, mas não completou os créditos. Era uma inteligência menos aguda que Paulo, mais compreensiva, no entanto, menos pertinaz e, sem embargo, muitíssimo mais generosa. Os amigos concordam que sua graça – quase diria sua sedução – era um desligamento, ou talvez insatisfação, que a fazia pular de assunto em assunto. Segundo Paulo, fazia o gênero "radical chique": não freqüentou as dunas do Leblon, mas trabalhou em *Roda-Viva* no fim dos anos 60.

Como indivíduos e como casal nada tinham de excepcional. Eram medianos sem ser medíocres.

Não sendo figuras públicas ou notáveis, por que tomá-los como objeto de estudo? Creio que foram "tipos" à Lukács:

Já ventilamos [em outro lugar] o problema do típico. Que 'segredo' permite ao escritor criar grandes tipos? Sabemos, a figura típica não é banal (salvo de maneira excepcional, em casos extremos) nem excêntrica (embora escape com freqüência aos quadros da vida cotidiana). Para que ela seja típica, é preciso que os fatores que determinam a essência mais íntima de sua personalidade pertençam objetivamente a uma das tendências importantes que condicionam a evolução social. Um escritor só consegue criar um tipo verdadeiro quando faz surgir organicamente da própria personagem, naquilo que tem de autêntico e de profundo, uma realidade social dotada, no plano da subjetividade, do mais alto valor universal[1].

Paulo e Virgínia não foram, porém, criaturas de ficção. Talvez constituíssem melhor o que se vai convencionando hoje chamar de "caso".

Caso? Um bebê de onze meses saiu engatinhando de casa, andou cerca de cem metros, atravessou a linha do trem, chegou à rodovia e foi esmagado por um caminhão.

Aconteceu na Argentina. Todos os jornais noticiaram, mas o horror pareceu tanto que o caso não teve seguimento, ou melhor, o episódio (ou evento) não se transmudou em caso. Permanece aquilo que Barthes denomina *sucesso*, para distinguir de *informação*[2]. Sucesso é a informação total, imanente, e que pode variar entre a causalidade

---

[1] "Nous avons déjà touché au problème du typique. Quel est le 'secret' qui permet à l'écrivain de créer de grands types? On le sait bien, la figure typique n'est ni si banale (sinon de façon exceptionelle, dans des cases extrêmes), ni excentrique (encore que elle échappe, le plus souvent, aux cadres de la vie quotidienne). Pour qu'elle soit typique, il faut que les facteurs qui déterminent l'essence la plus intime de sa personnalité appartiennent objectivament à l'une des tendances importantes qui conditionnent l'évolution sociale. Un écrivain ne réussit à créer nu véritable type que s'il parcient à faire surgir organiquiment d'une personnalité elle-même, en ce qu'elle a d'authentique et de profond, une realité sociale douée, sur le plan de l' óbjetivité, de la plus haute valeur universelle." Lukács, 1960: 238.
[2] Barthes, 1967.

aberrante e a coincidência. Já *informação* é, por assim dizer, uma categoria acima, que só ocorre a partir de um conhecimento exterior ao fato e que lhe confere precisamente seu caráter informativo. Pensemos no caso O. J. Simpson, o jogador americano acusado de matar a mulher, menos insólito talvez que o do pequeno esmagado argentino; foi desde sempre um "caso aberto", um *exemplum*, capaz de abrir inúmeras janelas (ou séries): discriminação de negros, funcionamento da justiça, liberdade de imprensa, literalização da notícia etc.

Essas e outras distinções — como, por exemplo, as que levaram Foucault a propor uma "filosofia do acontecimento" — não justificariam, salvo indiretamente, a tomada do caso Paulo e Virgínia como tema de ensaio. Não se trata, igualmente, de uma casuística — caso organizado de forma a integrar um conjunto que, unicamente, lhe dá sentido, como na psicanálise ("O caso Ana O.", de Freud), na neurologia ("O homem que confundiu sua mulher com um chapéu", de Oliver Sacks), na jurisprudência, no folclore, na teologia — etc.[3] Aquilo mesmo que o Ocidente chama história desde Heródoto, digamos, até Hobsbawm, não passaria de uma casuística. Na verdade, há uma indistinção no fenômeno que parece ressaltar do adágio romano: "nunca deixe que a verdade interfira numa boa história". Caso é, pois, antes de tudo uma boa história, indiferente à verdade que a referencia (casuística) ou a contextualiza (*exemplum*). Mas atenção, não é também literatura, pois esta pressupõe um "contrato de leitura" com o público: leiam *isto* como literatura.

Para que, pois, se institui o caso em objeto? Em primeiro lugar para, digamos, obturar o tempo: é o seu motivo conservador. É provável que o gosto exagerado de nossa época pelas biografias signifique: nunca deixe que a verdade interfira numa boa história. Dessa maneira, a verdade passa a ser a própria história, a própria vida exemplar — a ser imitada *imediatamente*. "Aqui [na biografia] no se trata

---

[3] Originalmente, casuística foi o estudo de casos de consciência, feito em geral por teólogos, só depois se tornaria sinônimo de minudência.

sólo de *hacer admitir*, sino de *hacer hacer*."⁴ Não sem razão o caso – tanto o "fechado" quanto o "serial" – se tornou um gênero da mídia: é uma forma de controle social, uma "necesidad, transitoria, de construir nuevos relatos sociales a partir de lo micro, de explicarse los cambios a partir de hechos concretos que no son tematizados por las instituciones de esta modernidad en crisis"⁵. A objetivação do caso não passaria assim de exercício de vigilância e de controle – uma panóptica – que vai caracterizando a sociedade de indivíduos informatizados de hoje.

Em segundo lugar – este o seu motivo não-conservador – a metodologia do caso é uma insurgência contra as discussões propostas, ou apenas reconhecidas, pelo Estado e pela sociedade civil. O caso é aleatório, ele surpreende. É chocante e fugaz (vide o caso Paulo César Farias, tesoureiro de campanha de Fernando Collor), pois deve rapidamente ceder lugar a outro, mas produz, enquanto dura, uma massa de discussão pública maior do que qualquer outro gênero. E é intenso, antepondo ao argumentativo, e mesmo ao informativo – através do micro e do individual – um narrativo *que pensa* e *mobiliza*. *Pensa* efetivamente? É verdade que o caso enquanto *exemplum* pensa muito pouco, já que persuade por indução e tende ao modelo: passa-se de um particular a outro por intermédio do geral. É assim que procede, por exemplo, a ciência histórica: do histórico ao lógico e deste outra vez ao histórico. (Nesse sentido se diz não ser a retórica pensamento.)

Já o caso como *parte de uma série demonstrativa*⁶, como costumam utilizá-lo as ciências sociais (as histórias de vida, os cadernos de campo, os "case study" etc.), permite, parece certo, um pouco mais de *pensamento*. Seu calcanhar-de-aquiles é uma espécie de sinedoquiza-

---

⁴ Gelas em Ford/Longo, 1995: 20.
⁵ Ibid: 30.
⁶ Séries no sentido de "new issues": "Al caso Maria Soledad (Catamarca, Argentina, 1990) se puede entrar por diferentes secciones del diário y aún así las clasificaciones tradicionales no alcanzan para dar cuenta de todos los elementos que intervienen para el esclarecimiento del mismo. (...) El caso Maria Soledad 'descubrió' nuevas series o formaciones sociales, a modo de 'new issues', planteando tendencias y generando una discusión pública que esos temas no hubiesen despertado de plantearse en forma estructural." (Ford/Longo. Idem, idem: 27)

ção, que freqüentemente converte o caso em *exemplum*, comum em estudos microantropológicos: a classe, o geral, são aqui a "cultura do grupo", a "identidade", o "contexto cultural" e assim por diante. Haverá alguma circunstância – essa é a questão – em que o caso se torne intelectualmente fértil? Encontro nos mesmos Ford e Longo a resposta afirmativa: o caso, sem ter a estrutura interna da argumentação (exposição, conclusão, justificação/demonstração da conclusão) pode dar origem a uma interpretação e até impor regras – se é o que se pretende. Nossos autores distinguem três tipos de casos: o *exemplum*; o caso como *exploração prévia à generalização* (e sua demonstração); e o que funciona como *parte de uma série demonstrativa* num contexto mais ou menos perceptível. O do meio é o mais fecundo:

> *Referimo-nos ao caso interrogativo, que permite explorar tendências ou estabelecer conjecturas, abduções, sobre um conjunto aberto ainda não totalmente constituído. Aqui o caso funciona como disparador de novos temas ou tendências para sua incorporação na agenda pública ou para a construção de uma série sociocultural, em geral conflituosa e perceptível historicamente. Algo reconhecido socialmente de maneira concreta ou atual, como a injustiça social com os aposentados. Ou algo que começa a ser percebido ou construído como uma série, como acontece com as problemáticas do feminismo, o assédio sexual, as migrações, o multiculturalismo, o desemprego, a violência urbana, a solidão[7].*

Sem embargo dessas considerações, hesitei em tomar o caso Paulo e Virgínia como objeto de estudo. Em *Todos os nomes*, José Saramago faz um burocrata de arquivo público procurar obsessivamente a identidade de uma mulher. Tara ou metafísica, não será obsceno colocar alguém em cena, observá-lo como uma paisagem ou um animal? É justificado fazê-lo em nome da ciência ou da filosofia, mas o que as pequenas vidas de Paulo e Virgínia nos permitem pensar? O

---

[7] Ibid: 20.

objetivo de uma pesquisa interpretativa é levar um autor (ou uma vida) a dizer explicitamente aquilo que não dissera, mas que não deixaria de dizer se alguém lho perguntasse[8]. Como autores de suas próprias vidas, Paulo e Virgínia quiseram dizer o quê?

Em janeiro de 1997, eu trabalhava em uma tese sobre Apulcho de Castro. Objeto exatamente delineado: a carreira de um pasquineiro do final do século XIX. Apulcho, sempre citado como "caluniador contumaz", foi criatura fascinante: negro, antiabolicionista, reacionário, trapalhão, ganhou dinheiro e fama com seu "Corsário" (1881-1882 e 1883). Não havia, a rigor, nada que lhe quiséssemos perguntar que não houvesse dito[9].

Sobreveio, no entretanto, a morte de Paulo e Virgínia.

Um mês depois, recebi o telefonema de um certo cabo Bernardino, do Corpo de Bombeiros. Participara do socorro às vítimas da ocorrência (foram os seus termos) e queria me "devolver" alguma coisa. Sugeri-lhe que procurasse os parentes. "É que cometi um ilícito, explicou, tenho medo que me denunciem." Deixou na minha portaria, ainda com discretas manchas de sangue, um livro de Anthony Giddens e outro de Paulo Coelho. Elementar: furtara os livros, se arrependeu, achou um amigo compreensivo para devolver. Imaginemos que ao socorrer Paulo e Virgínia, o olhar de Bernardino houvesse dado com os dois livros no banco de trás. Que faria se fosse um militar excêntrico, um leitor compulsivo de Giddens ou de Coelho?

Aqueles emblemas foram suficientemente fortes para eu trocar o caso Apulcho de Castro, o "caluniador contumaz", pelo do "infausto casal".

Comecei a reunir as fontes:

Papéis do casal: cartas, bilhetes, anotações, documentos intelectuais, recortes impressos, rascunhos, esquemas de aulas, dois diários de Virgínia cobrindo os anos de 1995 e 1996 etc.:

---

[8] Ecco, 1996: 111.
[9] Ele se assinava mesmo "Um que sabe".

Paulo e Virgínia tinham aquela "imaginação papeleira" que Nietzsche, não sendo pesquisador, lamentava. Dou como exemplo os recortes da quase-polêmica que Paulo travou com Carlos Drummond de Andrade, em agosto de 1985. Através de sua coluna no *Jornal do Brasil*, o poeta entrara na campanha pela troca do nome de uma cidadezinha pernambucana, Exu. Alegava trazer maus eflúvios, atraindo violência e pobreza. Paulo lhe mandou uma carta, que Drummond elegantemente publicou, informando quem era Exu e acusando-o, com sutileza, de etnocentrismo. Drummond tirou o corpo: não era antropólogo, falava como poeta. Paulo redigiu a tréplica. É um pequeno ensaio de etnolingüística, erudito, de ironia fina. Não mandou. Mas lá estava, classificado.

Testemunhos de amigos, parentes, conhecidos e colegas:

Dou como exemplo o depoimento de Maria Eduarda Rodrigues, dona Dudu. Paulo residira algum tempo no Solar da Fossa[10], famoso *flat* (diríamos hoje) entre Botafogo e Copacabana, que abrigou artistas e similares no fim dos anos 60. A ex-gerente, dona Dudu, lembrava-se de Paulo com convicção, mas suas entrevistas foram além. Recém-chegada de Trás os Montes, aí por 1930, fora primeiro chacareira na estrada da Portela (Madureira), depois bilheteira do teatro Carlos Gomes, de forma que me deu informações sobre um Rio já morto. Não diziam respeito direto a Paulo e Virgínia, mas de alguma forma me serviram.

Publicações:

Paulo publicou um só livro: *Noites*. A maior parte são artigos em revistas literárias, ensaios em coletâneas, verbetes de enciclopédias, comunicações em congressos e um maço de 27 cartas em jornais (*O Globo, O Estado de S. Paulo, O Estado de Minas, Jornal do Brasil, Folha de Uberlândia* e outros). Virgínia, a seu turno, deixou uma coleção de 12 "editoriais" do jornalzinho (sic) *Folha Verde*, do Centro

---

[10] Veloso, 1997: 102 103.

de Cultura Alterno, cuja diretoria integrou nos últimos cinco anos de vida; e um clássico do ocultismo de que foi tradutora (do inglês), *A voz do silêncio*, da russa Blavatsky[11]. Felizmente, temos os seus diários e um grande número de anotações avulsas para compensar.

Biblioteca do casal:

Virgínia tinha apenas uma coleção quase completa da revista *Planeta*. Paulo colecionava livros, alguns antiqüíssimos como a 1ª edição de *Casa-Grande & Senzala* (aquela com encarte da planta do Engenho Noruega)[12].

---

[11] Há uma tradução anterior portuguesa (1915) de Fernando Pessoa.
[12] Há uma anotação, quase sumida, nesse exemplar que Paulo tratava com excessivo carinho: "Roubei da estante de meu pai."

O LIVRO DE PAULO

At secura quies, et nescia fallere vita[1].
Virgílio

---

[1] Eis uma boa fonte de consciência, uma vida que não sabe enganar.

LYON

Em abril de 1995 Paulo voltou à Universidade Lumière, de Lyon, onde se doutorara em 1983. Foi dar um pequeno curso para estudantes de letras, filosofia e história sobre a idéia de França no Brasil. Planejou começar com Montaigne, o primeiro francês a ter uma idéia de Brasil – confiado, como se sabe, em histórias de marinheiros e índios exilados em Rouen. A seguir, inverteria a mão, mostrando como em quatro séculos foi-se construindo uma imagem idealizada da França no Brasil. Atribuem a Gobineau uma sentença cruel: "Le brésilien est un homme qui désire passionnément habiter Paris", mas dentre os aspectos dessa alienação formidável, Paulo estava interessado exclusivamente neste: a idéia de França que extraímos dos seus autores cultos[2].

Para começar, Paulo indagou dos alunos franceses que último autor não-curricular haviam lido. Quase a metade respondeu: *Polô Coelhô*. Na sala de professores a percentagem subiu: 2/3[3]. Para animá-lo, um latinista alsaciano que ameaçava tirar ao violão bossas

---

[2] Eu mesmo era autor de um romance (Santos, 1989) sobre a idéia de França em nosso século XIX. O fundo do livro é o que se convencionou chamar "idéias fora do lugar" – a função que vem a ter a ideologia liberal num país de escravos –, mas desfilam um a um os estereótipos intelectuais com que vemos a França: história brilhante, espírito racional, inteligência seminal, pátria da liberdade, *sens de la mesure* etc. Essa é a *nossa* França – a da *haute culture* e a da *haute coûture* – a que se poderia juntar, em escala descendente, Edith Piaf, Veuve Clicquot, Folies Bergères e as Galerias Lafayette.

[3] No entanto, a francesa Marie Darrieusseck, lançando *Truismes*, respondeu à clássica pergunta sobre que autores brasileiros conhecia: "Só Paulo Coelho (risos). Acho seus livros um horror e fico escandalizada de ver o sucesso que ele faz aqui na França. Me irrita, é tão ruim..." (*O Globo*, 31/7/97)

novas de Vinícius de Moraes, leu-lhe uma página da versão francesa de *O alquimista*. Parecia diferente.

Lyon, como se sabe, está carregada de lembranças fortes para um brasileiro culto. Aí, numa antiga sede de Bombeiros, hoje museu, a Gestapo instalara uma câmara de torturas – em que Paulo imaginou o *maquis* Marc Bloch, codinome Artur, cabelos embranquecidos enfrentando a história. Ela chegava toda madrugada sob a forma de choques elétricos e agulhas sob as unhas. "De que serve estudar história se a barbárie sempre triunfa?", pensou Bloch aquela noite em que o levaram num caminhão de negra capota[4].

De Lyon, Paulo seguiu para Bolonha, onde combinara encontrar-se com Virgínia. Era um congresso de magos e ocultistas que ela não queria perder. Hospedaram-se em Imola, de onde ele me mandou um cartão: "Eça escreveu que Sintra são pedras góticas e uma pouca de água. Imola são velhos de paletó xadrez e boxes da Fórmula 1." Em Bolonha, correu à célebre livraria de Feltrinelli. É pouco dizer que foi ele o editor da esquerda internacional nos anos 60. Estraçalhado pela mesma bomba que ia pôr numa refinaria, aquele guevarista rico emblematizou – como Ben Bella e Douglas Bravo – o pendor sacrificial de sua geração. A vitrine principal da Feltrinelli, à maneira européia, estava tomada por dois títulos: *Guevara per Fidel* e a versão italiana de *Na margem do rio Piedra eu sentei e chorei*.

Em Paris, Paulo quis mostrar a Virgínia a Conciergerie e o Museu d'Orsay, ela preferiu a companhia de uma nova amizade feita em Bolonha, polonesa radicada em Nova York, com quem saiu à cata de um clássico dos anos 70: *Dialogues avec l'Ange*[5]. Tampouco acompanhou o marido às *brasseries* – ela e a polonesa só comiam integral. Para culminar, um ex-colega do doutorado em Lyon, agora diretor da Unesco, lhe pediu para levar uma mensagem a um dos maiores "pensadores do século" – mensagem cúmplice de quem trabalha pela redenção do espírito. Quando Paulo lhe confessou que sequer conhecia Paulo Coelho, o amigo o olhou com pena.

---

[4] Carta de Paulo a Joel Rufino dos Santos: 12/4/95, meu arquivo pessoal.
[5] Mallasz, 1990.

Se Gilberto Freyre não blefa, *Casa-Grande & Senzala* nasceu de uma impressão vívida de viajante. Ele descia o Brooklyn numa tarde de nevasca, quando cruza com uns marinheiros brasileiros mulatos e cafuzos: "Deram-me a impressão de caricaturas de homens. E veio-me à lembrança a frase de um livro de viajante americano que acabara de ler sobre o Brasil: 'a medonha aparência mulata da maioria da população'."[6] Um problema que inquietava Freyre difusamente – a miscigenação – tornou-se, naquela tarde, tema absorvente de estudo.

A viagem de Paulo em 1995 (Lyon-Bolonha-Paris) teria sido o seu "caminho de Brooklyn"? Ele já pensava nebulosamente em tudo aquilo e tenho informação de que, chegando ao Brasil, determinou-se a compreender o mal-estar em série que o acometera: a vulgaridade européia, a barbarização da inteligência, o desprestígio da literatura, a desvalia do saber histórico... A derrota do pensamento, em suma, que ele via quase como um monopólio da esquerda. Estavam ali os temas delicados em que queria mexer. Num pequeno caderno quadriculado, comprado à butique do Boubourg, ele anotou: *Em torno a Paulo Coelho: idéias e intuições.*

Estes temas eram desconfortáveis para Paulo. Se quisesse aprofundá-los teria de encarar a alienação acadêmica, em geral, e o colapso do ensino de literatura, em particular, enfrentando os colegas de departamento. O mais grave é que envolviam Virgínia. De volta ao Brasil, separou-se dela. Por mais de um ano descansou de ovnis, terapias, inteligências emocionais, lendas pessoais, gnomos, regressões, anjos da guarda: a *bricolagem* esotérica que constituía o mundo da sua mulher. Teve mais horas de rede e de cachaça (sempre da pura) e mais literatura. Apaixonou-se por uma aluna. Buscou amigos antiqüíssimos. O diário de Virgínia, durante aquele ano de 1996 não registra ansiedade ou dor, mas confessa: "Paulo sofre demais. Não devia ter-lhe confessado que nunca fui feliz sexualmente. Isso não importava e agora muito menos."[7] E Paulo? Não sabemos por que se

---
[6] "The fearfully mongrel aspect of most of the population." 1963: 5.
[7] Diário de Virgínia, 1996.

convencera de que podia recasar com a mulher que amava mas não compreendia. Ou por outra, só compreendia como negação.

    A tentativa acabou no túnel André Rebouças: um livro de Giddens, outro de Paulo Coelho, um cabo do Corpo de Bombeiros que cometeu ilícito.

CRIME

Paulo migrara para o Rio em 1957. Foi quando o conheci, num colégio noturno da rua do Ouvidor, colado a uma confeitaria – das primeiras a anunciar *galetto al primo canto* e que aposentaria daí a pouco as mesinhas de mármore redondo e cadeiras de pau preto. Nos recreios sem vida daquele colégio, me apresentou a André Malraux, a Katherine Mansfield, a Graça Aranha, a Raul Pompéia e – um furo abaixo – ao *midcult* da época: Somerset Maugham. Gostávamos muito, com efeito, de *A servidão humana*, cujo enredo é um órfão manco, Philip, que se apaixona por Mildred, pobre e desapiedada garçonete. Philip era o alter-ego de Maugham. Mildred, não exatamente sem graça, não exatamente burra, não exatamente suburbana, era, no entanto, o emblema do feminino vulgar. Chegamos a usar "mildred" como adjetivo, mas quando, bem mais tarde, eu lembrava a Paulo que considerávamos boa literatura aquele *midcult* ele desconversava. Outra lembrança significativa dessa época: não lemos *Doutor Jivago* – já vinha selado como "provocação imperialista".

Em 1960, Paulo ingressou no curso de História da antiga Faculdade Nacional de Filosofia, da Universidade do Brasil. No segundo ano obteve isenção de vestibular e passou-se para Letras Clássicas. Assumiu a sua vocação. O que o teria levado primeiro à História? O encontro, na rua do Ouvidor, com um ex-colega de Catolé do Rocha. O outro lhe passou um livro que trazia debaixo do braço: "Este livro mudou a minha vida. Leia e verá." Era *Introdução à revolução brasileira*, de Nelson Werneck Sodré, 1958. Jovem comunista, Paulo acreditava na história como a maior de todas as ciências, mas a inteligência e capacidade de síntese que viu na *Introdução* – sistematizando, pela primeira vez, materialidade e subjetividade nos quinhentos anos de existência brasileira – o decidiram: seria professor de história. Werneck Sodré ajudou-o a esquecer Oliveira Vianna, outra de suas fortes impressões de adolescente livresco.

Uma investigação sumária na sua biblioteca, informa sobre o que, provavelmente, leu de substancial naqueles dois anos (1960-61): Bloch, Pirenne, Glotz, Vidal de la Blache, Mariátegui, Tarlé, Mommsen, Gibbon e, dos brasileiros, Caio Prado, Vianna Moog, Sérgio Buarque de Holanda, Josué de Castro, Rubens Barcelos. Num momento em que já tirava mais prazer de ficção que de história, o "Trio Iraquitan": Faulkner, Camus e Gide. Um best-seller da esquerda jovem, *Le Silence de la mer*, de Vercors, o impressionou também, mas nenhum como *Crônica de pobres amantes*, de Vasco Pratolini: em Florença, dez anos depois, levou Virgínia à Ponte Vecchio, sobre o Arno, onde nascera Metello. Paulo carregou também sob o sovaco o seu Prévert, o seu Sartre, a sua Françoise Sagan, o seu Graham Greene. Não terá achado com quem compartilhar a emoção de *El mundo es ancho y ajeno*, de Ciro Alegria – o *boom* latino-americano não acontecera –, mas há uma anotação cabotina na sua última página: "Vale dez tratados de sociologia da Bolívia." Dos "Romances do Povo" ficaram alguns, *Os mortos permanecem jovens*, de Anne Seghers, *A hora antes do amanhecer*, de Alina Paim – como documentos do bom e do ruim. Da estante dos brasileiros, são desta época – Paulo tinha 22 anos – José Condé, Zé Lins, Veríssimo, Amado Fontes, Clarice, Graciliano, Adonias Filho. Salada.

Paulo se formaria em letras clássicas no ano de 1966, incluindo a licenciatura. Em 1964 foi expulso, numa leva de centenas de estudantes. "Exilou-se" em Catolé do Rocha por um ano. Em 1968 estava matriculado na Universidade de São Paulo (USP). Em 1972 defendia dissertação de mestrado na PUC daquela cidade[8]. Em 1983 doutorou-se na Lumière, de Lyon. Em 1986, voltou ao Rio, ingressando na Faculdade de Letras da UFRJ, onde o reencontrei, como professor adjunto de literatura brasileira.

---

[8] Guerra, 1973.

Em 1970, em São Paulo, morava em quarto alugado numa espécie de república hippie. Espécie porque havia ali certo conforto e asseio que não eram do gênero: empregada, faxineira uma vez por semana... A casa pertencia a uma jovem mãe de duas crianças gêmeas. Paulo se retraía na sua presença, o que é comum em sertanejos diante de mulheres muito bonitas — naquele caso, uma beleza excessiva, que o gênero paz-e-amor não disfarçava.

Quando penso em Virgínia penso neste trecho de Freud:

O gozo da beleza possui um certo caráter emocional, ligeiramente embriagador. A beleza não tem utilidade evidente nem é clara sua necessidade cultural, e, no entanto, a cultura não poderia prescindir dela. A ciência da estética investiga as condições em que as coisas são percebidas como belas, mas não conseguiu explicar a essência e a origem da beleza, e como sempre sua esterilidade é ocultada por um jorro de palavras bastante sonoras, mas pobres de sentido. Lamentavelmente a psicanálise também não tem muito a nos dizer sobre a beleza. A única certeza parece ser sua proveniência da área das sensações sexuais, representando um modelo exemplar de uma tendência reprimida em seu fim. Primitivamente a 'beleza' e o 'encanto' são atributos do objeto sexual. É curioso que os próprios órgãos genitais quase nunca são considerados como belos, apesar do invariável efeito excitante de sua contemplação; entretanto, tal propriedade parece ser inerente a certos caracteres sexuais secundários.

Essa moça tivera os gêmeos numa estadia em Arembepe: apaixonara-se pelo chofer de táxi que, de passagem por Salvador, a conduzira da rodoviária à pensão. Foram viver de roça, fumando maconha e criando os filhos em comunidade. A "viagem" durou três anos. Ela quis voltar a São Paulo. Ele consentiu, em troca de um pacto de fidelidade e de as crianças ficarem com ele. Ela, porém, fugiu com os filhos. Ele veio atrás. No dia em que apareceu, carrancudo, apenas Paulo estava em casa. Ninguém da república sabia da mulher, haviam combinado. Aquela madrugada, Paulo ouve baterem na sua janela. Era o sujeito de volta: "Onde está ela? Se estiver aí também te mato." Tinha descoberto o endereço da mãe, matara os dois filhos a faca e queria completar o serviço.

Isso foi em dezembro de 1971. Em agosto de 1972, Paulo casou-se com o pivô da tragédia, a belíssima e inquietante Virgínia Mattos. Com recursos da família dela foram residir em Lyon. Na Lumière IV, enquanto Virgínia se refazia da tragédia cursando psicologia, Paulo doutorou-se com a tese "A noite na literatura brasileira. Possibilidades e limites da literatura comparada", aprofundando subtemas da sua dissertação de mestrado – negritude, satanismo, simbolismo etc. O que Paulo detecta ali, força e fraqueza daquele método, é a sua capacidade de ao mesmo tempo superar o formalismo e desconstruir o literário. Ele trabalha, entre outros, com *Anjo negro*, de Nelson Rodrigues, *Filho nativo*, de Richard Wright, e *Emparedado*, de Cruz e Sousa, para especular sobre o significado da *noturnidade* no imaginário ocidental. Seus pontos de partida foram *A Rap on Racism*, que Margaret Mead assina com James Baldwin, um ensaio de Roger Bastide e, como sempre, uma "vívida impressão" – o susto que tomou cruzando, uma noite em Dakar, com muçulmanos de cara absolutamente escura por contraste com seus abadás brancos. Sugeriram-lhe "buracos negros".

POLÊMICA 1

Seus últimos anos de vida, Paulo os consumiu em debate com colegas. Firmara ponto de vista contra o que chamava, não sem acrimônia, "baixo estruturalismo dos departamentos de letras". Dava-se conta da simplificação, uma vez que não cabia ali o heideggerianismo mais ou menos recente dos que vinham tentando adensar, por esse caminho, o estudo universitário de literatura, mas era o preço da provocação.

A questão, contudo, não era só teórica: sua prática como professor instalara entre ele e os outros uma tensão amistosa. Sua primeira aula era famosa entre os alunos: começava confessando não saber o que é literatura. Nunca soube exatamente o que os colegas achavam dele, de suas preocupações e de sua didática, mas sabia o que achava dos colegas: intelectualmente honestos, socialmente conservadores, filosoficamente idealistas. Em quatro "Apontamentos de aula"[9], que pensava transformar em livro, localiza as controvérsias e organiza suas idéias. Dirige-se formalmente aos alunos, mas o alvo principal é a crítica formalista e seus avatares.

O primeiro desses documentos se intitula "Proposta para um curso espontâneo de literatura brasileira" e traz como epígrafe uma frase de Kafka: "Lemos para fazer perguntas." Divide-se em duas seções: 1. Bases teóricas; 2. Proposta do curso.

Paulo resolvera dar um passo adiante na disciplina Literatura Brasileira 4 – último período dos formandos de diversos cursos.

---

[9] Arquivo Paulo Sarmento Guerra, seção 2, pasta B. Desses quatro textos, só consegui localizar os dois primeiros: *Uma proposta de curso espontâneo de literatura brasileira* e *Literatura: literaturas*.

Supunha que, tendo passado por estudos de conjunto de história da literatura, fossem capazes de participar de uma experiência inovadora. Procurando um nome para esse curso, recorreu a um velho texto de Erich Fromm: *O medo à liberdade* (1970). Fromm conclui ali que essa forma de medo só pode ser enfrentada com a *espontaneidade*. Relendo-o, quase trinta anos depois, Paulo julgou entender melhor o que Fromm queria dizer. Espontaneidade vem do latim *sponte* (vontade, desejo, moto-próprio). Também um velho dicionário o de Francisco Torrinha de 1945, informou-lhe que os romanos associavam *sponte* com *spondeo*, que significa assumir um compromisso, prometer em casamento. (Dessa raiz virá esponsais, esposa etc.) Espontâneo, portanto, é vontade própria *mais* compromisso. Acabara de encontrar o nome do curso.

Para começar, Paulo tenta demonstrar que a espontaneidade em nossa sociedade não é um sonho, uma norma utópica difícil de ser alcançada. Ele a define como o contrário da pedagogia[10]. Depois de classificar os artistas como os mais notáveis espontâneos, identifica na literatura o terreno privilegiado da espontaneidade: as personagens de um romance, a inspiração de um poema, a trama de uma telenovela – o universo ficcional, em suma – só existem na vontade de seu autor. "Tudo que não invento é falso" – Paulo cita o poeta Manoel de Barros. Qualquer texto literário será, assim, espontâneo. Mas adverte: a vontade é apenas o primeiro movimento (*sponte*) da literatura; para se completar necessita de um segundo movimento, o compromisso com a obra (*spondeo*). Ora, quem diz compromisso diz trabalho, esforço organizado para realizar algum objetivo, dar forma a alguma coisa.

Paulo garante que também as crianças são espontâneas. Seus movimentos não visam a um objetivo exterior, brincam por brincar. Uma brincadeira de criança é, visivelmente, o que mais se aproxima

---

[10] Cita, a propósito, o dr. A. Neill, criador de Summerhill: "Não quero ser curado do hábito que tenho de escolher como cores o laranja e o preto; não quero ser curado do hábito de fumar; não quero ser curado do hábito de gostar de uma garrafa de cerveja. Professor algum tem o direito de curar uma criança do hábito de fazer ruído com um tambor. A única das curas que devia ser praticada é a cura da infelicidade."

da natureza da literatura[11]. Recorre a Jorge Luís Borges (*A literatura não serve para nada*) para inferir que também o jogo de carniça, a bola de gude, a cabra-cega não servem para nada. Mas o amor, eis (na sua visão) o maior de todos os exercícios espontâneos. Ele é *sponte* (vontade, desejo, moto-próprio) e *spondeo* (compromisso, promessa, enlace). O primeiro movimento do amor é a liberdade de escolher o objeto amado; o segundo, simultâneo, o de estabelecer com ele uma ligação, uma cumplicidade. Amor: desejo e cumplicidade. Dessas considerações, Paulo retira uma premissa: a espontaneidade só serve para sermos espontâneos.

Aonde queria chegar? Ele construía seu texto como quem tece. Em seguida passa a demonstrar que quem ama literatura não estuda literatura. Estudar quase nunca é um ato espontâneo[12]. Estuda-se para ter uma profissão liberal, atender à expectativa dos pais, tirar boas notas etc. Em nenhum desses casos haverá moto-próprio, desejo, vontade. Mas quase nunca não é nunca – Paulo admite que se pode estudar espontaneamente. Em qualquer disciplina (matemática, por exemplo), estudar espontaneamente será melhor que obrigatoriamente, mas até mesmo nesse caso existe a chance de se aprender alguma coisa. No caso da literatura – afirma – não há essa possibilidade: só se pode estudar literatura literariamente[13].

Paulo era um polemista em quem a ousadia por vezes superava o critério. Sabia quebrar a argumentação com frases heterodoxas, lembranças insólitas que provocavam o leitor sem que se visse prontamente a finalidade. Nessa espécie de apostila – que como se disse visava mais aos colegas que aos alunos – conta que no seu primeiro

---

[11] "Não por acaso, Julio Cortazar deu a um de seus romances a estrutura de jogo de amarelinha, *Rayuela*", anota Paulo.
[12] "Não agüento o método e a ordem de tio Conrado com hora certa para tudo. Isto só dá certo para o estudo dos primos, mas para o mais é enjoadíssimo", reclamava Helena Morley, *Minha vida de menina*, p. 51. Nota minha.
[13] Não é o que parece dizer Bakhtin, ao discutir o significado da forma em literatura? "Deste modo, durante a leitura ou a audição de uma obra poética, eu não permaneço no exterior de mim, como o enunciado de outrem, que é preciso apenas ouvir e cujo significado prático ou cognitivo é preciso apenas compreender" etc. Mikhael Bakhtin, *Questões literárias e de estética*, p. 59. Nota minha.

emprego, boy numa firma comercial, aproveitava a hora do almoço para ler romances. Um vendedor, que gostava dele, aconselhou: não tenho nada contra romances, mas depõe contra você, nunca deixará de ser boy. Resgatou esse episódio para dizer que é a mesma – e compreensível – preocupação de pais que têm filhos estudando letras. O compromisso (*spondeo*) com o mercado, mesmo que seja apenas o mercado de trabalho, parece excluir o compromisso com a vontade, o desejo e o moto-próprio (*sponte*). Não se deduz daí, ele pergunta, que a literatura é uma vontade anticapitalista – ou, ao menos, anticapital? "As coisas que não têm dimensões são muito importantes", é outro verso que cita de Manoel de Barros. As que têm dimensões, quer dizer, que podem ser medidas pelo dinheiro e, dessa forma, tornarem-se mercadorias, não são importantes: são mercadorias. O contrário da mercadoria é, pois, a espontaneidade: o amor, os artistas e as crianças são a negação insciente (Paulo a distingue de inconsciente) do capital[14].

Paulo Sarmento Guerra ata, em seguida, os fios do amor e da literatura. Até aqui suponho que seus colegas de departamento, lendo-o, não soubessem como se opor. Ele define a fruição literária como arcaica: mantém-se igual a si mesma, não se esgota e não muda. Como Osíris, renasce sem cessar. Seu tempo é o tempo circular, semelhante ao tempo sagrado da religião: não reconhece etapas históricas, eventos decisivos, personalidades marcantes, fins de milênios etc. Por isso não há evolução literária – pode-se falar numa complexificação de estilos e maneiras, quase que só um aumento da produção literária, mas não de evolução. Também no caso do amor se poderia admitir, por exemplo, que o cinema americano o tornou

---

[14] "É curiosa, nesse sentido, a raiz da palavra sucesso – que no senso comum parece tão distante de quem deseja ser professor. *Sucessio* tanto designava sucessão, substituição, ação de suceder, quanto êxito, resultado. Processo e produto. A espontaneidade é da ordem do processo, implica trabalho. A mercadoria é da ordem do produto, implica troca por intermédio do dinheiro. O real sucesso é o trabalho espontâneo, ao passo que o pseudo-sucesso, o sucesso alienado, é o êxito no mercado. Em nossa sociedade, este só pode ser medido pelo dinheiro. De um lado estão os artistas, a literatura, as crianças, o amor – a espontaneidade. De outro, o bem-sucedido, o que ganha dinheiro, o profissional competente – a mercadoria sob a forma de dinheiro. O estudante de letras e o iupi." Guerra, Paulo. *Noites*.

sinônimo de beijo na boca, mas onde está a evolução? Em qualquer época e lugar será o que Machado sugeriu: o natural complicado com o social. Ora – ele insiste – tudo isso é o contrário daquilo que procura o iupi: o que se acumula e, desse jeito, pode ser medido e valorado, o tempo progressivo (profano)[15]. A idêntica natureza da literatura e do amor – espontaneidades – ele a foi buscar também no mito de Pan. O fauno deflorador perseguia a ninfa Sirins. Encurralada à beira do rio, ela se transforma em caniços. Que faz Pan? Transforma os caniços em flauta e sai tocando. Desejo e sublimação, amor e arte: *sponte* e *spondeo*[16]. Por essa razão, argumenta, o iupi e o literato vivem em tempos diferentes. Em espaços também: o do primeiro é geométrico, homogêneo; o do segundo, descentrado, heterogêneo. "Já se observou de Cruz e Sousa, o simbolista, que não construiu poemas mas igrejas, palavras que encaminhavam para o alto, num ritmo e desenho que se organizavam a partir de um ponto de fuga fora do real, sacralizado (não-profano) – e se é assim foi ele o mais literato de todos os nossos poetas." Paulo Sarmento Guerra citava aqui a sua própria dissertação de mestrado.

Para que serviria, em suma, a espontaneidade?

Desde que só há um sentido para a vida – o ato de viver – a espontaneidade serviria para viver. E desde que em nossa sociedade só há uma liberdade – não ser mercadoria – a espontaneidade serve para ser livre. Como, em geral, os pais e os professores não se contentam com viver e ser livres, tratam, inconscientemente, de suprimir a espontaneidade nos filhos e alunos. Foi o que compreendeu, com angústia, uma aluna no dia em que Paulo apresentou a proposta do curso: "Então o senhor vai deixar *eu* escolher o que *eu* quero estudar?!"

Parece claro que Paulo entrara em linha de colisão com os colegas. Não se tratava ainda do mérito das suas proposições – mais adequadas, no senso comum, a um curso de filosofia –, mas do insólito

---

[15] Na ponte Rio-Niterói há uma grande placa publicitária: "COMPROMISSO COM A MODERNIDADE". Paulo simplesmente a detestava.
[16] Lembrei a Paulo, certa vez, que Mário de Andrade tirou daí sua sugestão para o "complexo da dona ausente", que perpassaria as nossas poesias oral e culta desde o quinhentismo. (Andrade, 1943: 9-14).

de *discutir idéias* numa casa que aprendera, desde os formalismos dos anos 60, que "nunca se deve entrar no texto com idéias de fora". Sua discordância não estava também aí, estava em que, ao contrário, ele queria *sair do texto* e não via como fazer isso se não fosse através de *idéias*.

Na seqüência, Paulo Sarmento especula sobre a produção do conhecimento. Distingue *saber* de *conhecimento*. "Saber é o meu repertório de conhecimentos – os livros que li, os quadros que vi, as músicas que ouvi, as conversas de que participei etc. e de que posso *me lembrar*. É um repertório pessoal, intransferível. Só eu sei o que sei, ninguém saberá o que sei. Já conhecimento é o que sei em conjunto com outros. O saber é individual, o conhecimento coletivo, social, só se alcança pela troca de saberes."[17] O ensino universitário – de *universitas* – deveria visar à produção de conhecimento e não à transmissão de saber. Um professor universitário que exibe saber está, na verdade, traindo o objetivo universitário. E trabalhando inutilmente: saber não se transmite, o que eu sei só eu continuarei sabendo – desde que não esqueça – pelo resto da vida.

Isto significa que o saber do professor – outrora chamado mestre – tem o mesmo valor que o saber do aluno? Até onde quantidades distintas valem distintamente, não. O saber do professor vale mais, só que este valor só se realiza no intercâmbio com o valor do saber do aluno – é um valor de troca. Trocados, os saberes se fazem conhecimento. É como um automóvel que se vê rodando na rua: os trabalhadores que o fizeram reconhecem seu trabalho no carro? Os valores relativos dos trabalhos envolvidos desaparecem no interior do produto.

Aqui, como na especulação seguinte – sobre o papel do trabalho na produção do conhecimento –, não se esqueça que Paulo falava a alunos de graduação da faculdade de letras, paradoxalmente os de menor "cultura geral" de toda a universidade. Ele tinha um alvo duplo: estimular os alunos e *desafiar* os colegas. Se estes se queixas-

---

[17] "Curioso: em comércio se chama 'conhecimento' a nota pela qual *um outro* reconhece que aquela encomenda me pertence. 'Conhecimento' é, pois, um re-conhecimento. Não fui tão nulo como boy." Esta nota acompanha o parágrafo.

sem do "estilo de manual", alegaria que escrevera para aqueles. Se, ao contrário, aqueles se queixassem do seu caráter "abstrato e elevado" (sic), alegaria que visava precisamente a isto: elevar o seu nível de leitura. Veja-se a maneira como define cultura, "essa sobrenatureza que nos humanizou": "Quando nossos antepassados antropóides tiveram o polegar despegado dos outros dedos, opondo-se a esses, começaram a pegar; ossos e pedras, ao serem *pegados,* transformaram-se em ferramentas e armas; surgiu a possibilidade de fazer trabalho; o trabalho, a seu turno, foi um dos estimuladores – junto com a fala, a posição ereta e o sexo pela frente – do conhecimento, massa de informações e conceitos socialmente produzidos e partilhados com o fito de tornar a vida melhor. O que foi verdade para a espécie seria verdade para os indivíduos em geral: quando trabalhamos aprendemos. É possível aprender sem trabalhar? Os extáticos e os místicos cessam todo trabalho externo para se desvincular das coisas. Acabam por vincular-se ao nirvana, viram buda etc. Mas são exceção. À maioria dos homens só é dado conhecer através de alguma prática social[18]. O que seria trabalhar num curso de letras? Ler. O que é ler? Interpretar. Lemos para quê? Resposta de Kafka:

> *Lemos para fazer perguntas. Pode-se ler um romance, um filme, uma peça, uma foto, uma atitude um gesto, uma roupa... Uma turma de faculdade é uma leitura conjunta. Quando se leu um livro, por exemplo, só se o leu parcialmente; quando eu o ler diante dos outros (oferecendo minha leitura à leitura dos outros) terei lido integralmente[19].*

Paulo leu McLuhan na época em que o comunicólogo fez furor. Reteve, como todo leitor crítico, algumas das suas fulgurações, sem se convencer, no entanto, das bases teóricas. Por exemplo, a profecia ("idealização profética", chamou-a Paulo) de que o próximo passo da

---

[18] Para lembrar que a própria iluminação precisa de um ato humano, Paulo reconta a história budista, que tanto apreciava, do discípulo que atingiu a iluminação quando Buda lhe decepou o indicador com uma faca de pão.
[19] Guerra, 1995.

"aldeia global" será uma consciência cibernética pairando sobre o planeta e decidindo tudo, Paulo a tomou como mera analogia da relação saber-conhecimento[20]. Segundo McLuhan, em breve nenhum dos governos e intelectuais decidirá nada, embora a superconsciência seja composta de vontades de governos e de idéias de intelectuais particulares. É o que aconteceria, por analogia, numa turma de faculdade que *intercambiasse saberes individuais* (inclusive o do professor). Esses conhecimentos se transformariam num conhecimento que paira acima da turma: é de todos, mas não é de ninguém. Do lugar da sua autonomia, ele os vigiaria e governaria. Poderia vagar eternamente sobre suas cabeças; ou virar um livro que a turma se presentearia a si mesma no dia da formatura[21].

Sem querer, McLuhan estaria pondo em relevo uma velha questão brasileira (e latino-americana): a transplantação cultural. Em face das metrópoles sempre nos comportamos como o "aluno velho", não-espontâneo, que todo professor conhece: o mestre sabe e eu não sei, logo devo copiá-lo. Inverteu-se a sentença de Descartes, passa a ser *não penso, logo existo*.

Por que a inteligência brasileira, de um modo geral, nunca produziu conhecimento? Pela mesma razão que um aluno que não troca saberes com o professor não o produz. Não se discute, por exemplo, que em matéria de teoria literária os franceses produziram saberes – desde François Villemain (1790-1870), quem primeiro pensou a literatura como "expressão da sociedade", até, digamos, Roland Barthes ou Derrida, que entronizaram as categorias *texto, escritura, intertextualidade, literalidade* e outras. Não produziram, contudo, conhecimento universal: conceitos, leis e categorias que se apliquem à literatura de países de fora da Europa. (Para ser mais exato, escreve Paulo, fora do circuito Londres, Paris, Berlim e, com certo favor, Roma, Madri, Praga e Moscou.) O corpo da literatura brasileira, por exemplo, não constituirá saber daqueles teóricos – é saber nosso. A possibilidade de suas intuições se tornarem conhecimento universal

---

[20] McLuhan, 1995.
[21] Foi a sugestão de trabalho final feita por Paulo àquela turma.

O Livro de Paulo 39

depende do diálogo conosco, da mesma forma que, em ponto pequeno, o saber do professor só se elevará a conhecimento quando formar com o do aluno uma nova identidade.

Em síntese, a metrópole *está* para a colônia assim como o professor *está* para o aluno. Não caímos na dialética do amo-escravo hegeliana? Paulo se dá conta e, depois de "mastigá-la" para os leitores-alunos (com ajuda do velho Kojève, 1947), assume-a. Cabe ao dominado, não ao dominador, destruir a relação de dominação. Será sempre com orgulho e desprezo que os sábios da moda internacional olharão os consumidores daqui. O mal-estar experimentado por esses consumidores (um crítico, um poeta etc.) é em geral compensado pelo *façanhismo*: a universidade está cheia de admiradores de si próprios, incensadores da própria pesquisa, da própria tese etc. O termo *façanhismo* ele o tomou de um dos seus gurus, Franz Fanon, que analisou, na Argélia pré-independência, os sonhos de empregados negros. Eram repletos de façanhas: sonho que salto o mar, estrangulo uma onça, derrubo uma montanha com um sopro... O sujeito se libertava toda noite, entre as 20 e as 6 horas, das humilhações diárias infligidas pelo patrão francês[22].

O que Paulo tinha em mira, como se vê, era a relação professor-aluno. Chegara ao óbvio: era sempre autoritária. "Ela reproduz, no espaço da faculdade, as relações de dominação que em outros espaços se chamam homem-mulher, patrão-empregado, adulto-criança, estado-sociedade etc. É o professor que determina as ementas, o calendário, a metodologia, a bibliografia e, em julho ou dezembro, distribui, como Júpiter, os raios das notas finais."

Contudo, prossegue ele, a forma mais sutil de poder do professor sobre o aluno é a *aula expositiva*. Ele detém o monopólio da fala. Pode-se argumentar que ao ouvi-lo o aluno aprende. Quanto? Já se mediu: de uma boa exposição de uma hora você assimila perto de 10%. Mas ainda que assimilasse 100% apenas tomaria conhecimento do saber do outro, não estaria, naquele momento, produzindo conhecimento. Este só começa quando cessa a fala do professor, quando o que foi assimilado entra em reação com o saber que o

---
[22] Fanon, 1961.

aluno já possuía. Uma aula expositiva, uma conferência, um discurso podem ser divertidos, fascinantes, mas para o objetivo universitário – produzir conhecimento – seu efeito é quase nulo. O melhor das universidades costuma, por isso, se passar nos corredores e cafés, territórios do espontâneo.

Numa aula inaugural do Collège de France, lembra Paulo, Roland Barthes surpreendeu os alunos e colegas: "Proponho-me [nesse curso] a me deixar conduzir por aquela força própria de todo ser vivo: o esquecimento." Afirmou que não ensinaria aos alunos o que sabia, dispondo-se a encarnar a *"não-aprendizagem"*. Para esclarecer essa antididática, foi buscar no latim o termo *sapientia*, que redefiniu como "nenhum poder, algum conhecimento, uma pequena sabedoria, e o máximo de sabor possível"[23]. (*Sapientia* vem de *sapere*, saber, a mesma raiz de sabor, que é *sapor*.) Barthes – que seguiu a lição de Allen Ginsberg: entrar em todas e sair de todas – sabia vão e ridículo o curso em que o mestre discorre sobre o próprio saber. É como se confessasse: o único valor de meu saber é o seu sabor. Devo esquecê-lo, exibindo-o como não-aprendizagem. Dessa forma, o pensador desconcertante e irônico demarcava os campos do saber e do conhecimento – vizinhos mas distintos.

Podemos supor o efeito dessas "provocações" do professor de literatura Paulo Sarmento Guerra. Contudo, no fundo, ele esperava que fosse maior do que foi. Esperava uma contradita teórica e não teve. À exceção de duas colegas, incomodadas com aquele "a relação professor-aluno é sempre autoritária" (talvez não lhes acudisse o caráter social do saber), foi o silêncio. Apenas um respondeu com singela franqueza à sua apostila: "Não estou de forma alguma interessado nessa discussão literatura-comunicação." Houve, no entanto, uma forte contradita "pedagógica" à proposta de auto-avaliação (trabalhos, notas finais etc.) que ele praticou em consonância com o curso.

Paulo deixou para o fim a forma mais brutal de poder sobre o aluno: a interpretação do texto. Com efeito, o professor exige que o aluno acate sua interpretação – digamos de um poema de Drum-

---

[23] Culler, 1988: 15.

mond, ou de um conto de Clarice Lispector – como a certa ou mesmo a melhor. O professor sabe que há outras interpretações possíveis, mas só confere esse direito a críticos literários ou a colegas professores como ele – nunca ao aluno. Argumento: o aluno não tem saber ou capacidade crítica para dar a sua interpretação (sic). Uma variante desse despotismo didático é não admitir que o aluno goste à sua vontade de tal ou qual texto. No caso anterior, Paulo via um seqüestro da interpretação; nesse, seqüestro do gosto. Ora, argumenta, sem a possibilidade de pluriinterpretação e da variação do gosto, que é a literatura? Uma ocupação mal remunerada para completar o orçamento doméstico. Ou um exercício sadomasoquista. Pensar e sentir pelo aluno não passaria, pois, de uma forma de autoritarismo vulgar. Paulo resgata, a essa altura, uma personalidade célebre nos anos 60, o dr. S. Neill, fundador de Summerhill. Perguntado por que as crianças de escolas corânicas só aprendem pelo castigo físico, respondeu: "Acho que também eu conseguiria aprender de cor o Corão, se me chicoteassem para isso. Haveria um resultado naturalmente: eu detestaria para sempre o Corão, o espancador e a mim mesmo."[24] Nosso sistema de atribuição de notas, por outro lado, lembra a pedagogia do senhor de escravos: se te castigo é para o teu próprio bem. (Pedagogia também, aliás, dos pais que surram filhos.)

Ei-lo de volta, na passagem seguinte, ao filósofo de Stuttgart. O amo é amo para um escravo que o reconhece como tal; e um escravo é um escravo para um amo que o aceita como tal. Nenhum dos dois é nada *para si*. Há, porém, uma diferença: o amo é amo também para os outros amos. Ele também se afirma – seu poder, seu prestígio, sua riqueza – diante de outros amos, iguais a ele. O escravo, não. Ele só é alguma coisa diante do seu senhor: escravo[25]. O que se deduz? Que só o escravo pode libertar o mundo, destruindo, pela sua vontade, a relação de dominação que o prende e identifica. Só as mulheres podem libertar o mundo da dominação do macho; só aos

---

[24] Neill, 1970.
[25] Paulo deriva daí a célebre sentença "escravo é o cativo que preferiu viver".

empregados é dado livrar a sociedade dos patrões; só às crianças sacudir o jugo dos adultos; e assim por diante. Quanto à relação professor-aluno, só os alunos podem matá-la e despejar a pá de cal em seu túmulo. Nesse momento, o professor deixará de ser professor e o aluno de ser aluno. Serão substituídos por sujeitos livres produzindo conhecimento pela troca livre de saberes. Significará isso – indaga Paulo – o fim da universidade? Talvez sim, se a entendermos como foi entendida pela modernidade triunfante. Ocorre que, como no romance de Anne Seghers (*Os mortos permanecem jovens*), as galas do triunfo são agora serpentinas frias.

Paulo deve ter sentido mais de uma vez, nesse esforço por introduzir a polêmica na sua faculdade de letras – e, paradoxalmente, o que ele pretendia era "sair" dela – que gastava cera com defunto ruim. Não precisava ir a Hegel, a Fanon, a Fromm, mesmo a McLuhan e Barthes para apontar a crise das faculdades de letras. Minha hipótese é que, difusamente, ele estava empurrado pela sua relação com Virgínia – e queria matar um coelho com uma só cajadada: ser compreendido pelos colegas de profissão e compreender a mulher.

CRISE NAS LETRAS

O capítulo dos "Apontamentos" em que se ocupa dessa crise, começa com o subtítulo *Burro é quem me chama*. Primeiro adverte que crise é conceito perigoso, sugerindo declínio, mas que vai tomá-lo como cadeia de impasses que contém ela própria a sua superação. A superação da crise das faculdades de letras – aspecto da crise geral da universidade brasileira – estaria dada, ainda que oculta. Não se vê a luz no fim do túnel, mas ela está lá. Qual seria? Ele propõe começar por um ajuste do diagnóstico.

Os salários são baixos, as instalações precárias, os equipamentos obsoletos, a burocracia pesada, o dinheiro para pesquisas nenhum, o diploma desprestigiado etc. etc. Esses são, ao seu ver, aspectos adjetivos da crise. O seu aspecto principal é outro: o *abandono do aluno pelo professor*. Não significa que todos os professores de letras abandonaram todos os alunos. Significa que os "conteúdos didáticos" das disciplinas, em geral, não consideram os saberes da média dos alunos – as linhas de pesquisa, por exemplo, estabelecidas ao nível dos programas de pós-graduação, oprimem como pesos de ferro os frágeis músculos dos ingressados na graduação. Significa, coisa mais grave, que a totalidade dos professores decidiu, em princípio, ignorar o aluno.

A contradição professor/aluno, no plano do saber, é indispensável à dinâmica pedagógica. Ela se manifesta por uma certa tensão necessária entre dois pólos (culto x inculto, experiente x ingênuo, cultura erudita x cultura popular, grande literatura x literatura de massa etc.), um equilíbrio precário que é preciso manter. Rompido esse equilíbrio, o ensino acaba: o professor finge que ensina e o aluno finge que aprende. Angustiado com a própria farsa, mau ator, o professor se habitua a xingar o aluno: "burro", "ignorante", "despreparado" etc. Se respondesse corajosamente, este diria: "Burro é quem me chama." Mas nem isso. Com o chicote, foi-se a coragem. Só lhe resta detestar o Corão e a si mesmo.

Aluno burro não há, conclui Paulo, o que há é professor burro, incapaz de medir a verdadeira natureza da distância que o separa do outro. E, num plano mais alto, país burro. O abandono do aluno pelo professor, numa faculdade de letras, por exemplo, não passaria, pois, de manifestação e alegoria do abandono do povo brasileiro pelas elites econômicas e intelectuais. A tensão, que era o motor da produção de conhecimento, se torna no seu contrário: um freio.

Por que razões o professor abandonou o aluno, renunciando a ensinar e aprender com ele?

Paulo encontra como a mais geral delas o niilismo dos intelectuais brasileiros na atualidade. Se não servem, argumenta, para pensar o Brasil, é porque a inteligência, por definição, seria incapaz de fecundar a realidade. Um professor de literatura, por exemplo, considera-se dispensado de qualquer responsabilidade nas angústias do país. Não lhe interessa como a sociedade brasileira está funcionando, nem que estratégias se deve adotar para vencer a miséria. Miséria material, antes de tudo, cuja dimensão cultural ele prefere ignorar, mas também miséria intelectual, que consiste em não encarar como problema seu o sofrimento coletivo. Isso é com os políticos, raciocina. Aliás, lamenta, são eles os responsáveis pelo congelamento de nossos salários. Eis a porta franqueada para o corporativismo: a situação nacional está ruim porque eu ganho mal. Boa universidade é a norte-americana, ganha-se bem, os equipamentos funcionam, não há bagunça nem burocracia: franqueou-se, agora, a porta para a alienação.

Acompanhando a tendência geral, o professor de literatura renunciou a ser um intelectual. Destituído dessa condição, só lhe resta exercitar uma ironia triste contra o governo, enquanto repete onanisticamente análises formalísticas de textos pinçados do contexto social. "Mas se eu pedi amor, porque é que me trouxeram dobrada à moda do Porto fria?", gemeu Álvaro de Campos, e bem podia ter falado por alunos de letras.

Paulo não achava difícil, contudo, demonstrar que o magistério só tem dignidade se o professor é intelectual, se com base num campo específico do saber se dirige à sociedade, interpelando-a. Não a *sociedade externa* ao texto (competência da sociologia da literatura), mas a imanente ao texto (competência da crítica literária). Ora, quem diz interpelar diz ironizar – no sentido socrático de desfazer a ideologia, revelando as contradições do discurso *verdadeiro*. E diz desmistificar – isto é, analisar mitos. Talvez apenas isto constituísse, no seu entender, o charme (ou a tara) de ensinar letras: compreender como as pessoas, por meio da literatura, tornam seu mundo inteligível, sabendo (ele o professor) que, ao cabo, o mundo não é inteligível, mas absurdo[26].

Um professor de química pode se dar ao luxo (mas só ao luxo) de só pensar a química. Nós não: o objeto da literatura são as relações de família – amor, ódio, ciúme, inveja, solidão, incesto, homossexualidade, príncipe encantado, bruxa... Nelson Rodrigues lembrou que a certa altura toda família começa a apodrecer – se descobre um primo pederasta, uma tia tarada... Não é apenas nesse sentido escatológico que ela é o objeto unívoco da literatura, mas naquele em que só a família – a lei que regula a competição do pai e do filho pela posse das irmãs e da mãe – nos humanizou. A literatura provavelmente esteve pautada desde aquele dia. Pode ser *Ana Karenina* (de Tolstói), *A peleja de Zé Pretinho contra Inácio da Catingueira* (anônimo), "As rosas não falam" (de Cartola), *Palmeiras selvagens* (de Faulkner), *El mundo es ancho y ajeno* (de Ciro Alegria), *Mrs Dellaway* (de Virginia Woolf)... A organização social da família está sempre presente na obra literária, inclusive pela ausência ("Por outro lado – explicou Moravia a Elkann – a natureza faz com que na família se chegue facilmente ao máximo de tensão vital, isto é, à tragédia. Agora, para mim, a tragédia é a mais alta expressão da literatura")[27].

Pensar a sociedade não significaria abdicar do que é específico da análise ou crítica literária: os jogos formais. O travejamento interno

---

[26] Sem falar, é claro, que absurdo, ele próprio, é um sentido.
[27] Elkann 1992: 294. Nota de Paulo.

do texto é o campo inteligível dessa análise. Os jogos formais, porém, indicam algo que não são eles próprios. Pode-se aceitar que qualquer conjunto de objetos é uma escultura – um barbante esticado entre dois tijolos, por exemplo, como Paulo e Virgínia tinham visto na última bienal? Pode-se aceitar que qualquer texto é literatura? Não. A menos que renunciemos a essa exigência da obra de arte: que signifique. Este é o primeiro critério da literariedade: significado. Ora, os jogos formais podem ser expressivos, é o significado deles *em si*. Mas só se alçam à categoria de arte (plástica, musical, literária) quando significam para fora e, portanto, só aí, *para si*. É quando ganham autonomia em face a tudo o mais.

O Ateneu

Lembra Paulo, na sua apostila, que em 1888 se publicou na Corte um livro estupendo. Desde então ele ri das classificações. Realista, simbolista, impressionista, naturalista, misto de tudo isso ou nada disso? Embora seu autor fosse um militante xiita da causa abolicionista, aparecido no ano da Abolição como "crônica de saudades", o livro não tem uma linha sobre a escravidão. Nem um mísero personagem negro. Isto significa que sua análise dispensa referência ao contexto social?

Não, disseram os primeiros críticos "realistas". O tema de *O Ateneu* é a pedagogia do segundo reinado – esse é o seu contexto histórico-social. A partir dessa constatação elementar, no entanto, já não tinham o que dizer do livro. Os dois fatos permaneciam desencaixados: o retrato ficcionado do Colégio Abílio e a pedagogia do segundo reinado. Por outras palavras, o livro de Raul Pompéia permanecia virgem de crítica literária. Segundo Paulo, ele só seria criticado quando se pudesse ligar os dois fatos, isto é, mostrar como o fato social (a pedagogia do segundo reinado) se fazia forma, elemento interno, daquela ficção. Quer dizer: não é pelo tema que um texto adquire seu significado, mas pelo conjunto dos seus jogos formais – embora os jogos formais (e isso é um paradoxo) não tenham em si mesmos significado algum. Um automóvel, por exemplo, é feito de borracha, metal e vidro, mas o seu significado não é borracha, metal e vidro mas "transporte"[28]. Ou a engenharia interna de *O Ateneu* dizia respeito ao contexto histórico-social do segundo reinado ou não dizia. (A rigor, qualquer obra de arte diz respeito à sua época. O que se pode aventar é *de que maneira diz*.) Só recentemente se deu esse passo[29]. Um elemento permite ligar os dois fatos: a forma. A forma torturada, rebuscada, *aristarcal* (de Aristarco, o dono do colégio), que constitui precisamente a originalidade do livro, apresentou-se como a ligação entre o que está fora e o que está dentro dele. Ou por outra: a maneira pela qual o contexto se fez texto, o conteúdo se fez forma, a época histórica se fez literatura, o que não tinha significado ganhou significado. O estilo de *O Ateneu, aristarcal,* corresponde à figura do diretor que, por sua vez, corresponde à do imperador, sendo ambos manifestações de um fato único – o patriarcalismo oitocentista. Nesse momento, enfim, conclui Paulo, se fez crítica literária.

A tara textual

Se os formalismos – tanto o seminal, de Jakobson[30], quanto o terminal, de Derrida[31] – parecem hoje inconsistentes, por que o ensino da literatura entre nós continua esotérico? Por que as ementas dos nossos cursos de literatura, anos após anos, nada dizem sobre o sistema geral de valores sociais em que ela repousa? A narratologia, ou o "baixo estruturalismo" como ironizou alguém, segue orientando nossas pós-graduações e graduações – por quê? Se era uma moda, por que não passou?

Se a "teoria do texto" morreu, já não é ela que temos de explicar, mas o porquê de sua sobrevida em nossas faculdades. Há explicações de segunda ordem: a preguiça acadêmica; o francesismo (o estrutu-

---

[28] Bakhtin raciocina com um poema de Puchkin. Bakhtin, Mikhail. *Questões literárias e de estética*, pp. 49-50.
[29] Schwarz, Roberto. *A sereia e o desconfiado*. Nota de Paulo.
[30] Para as idéias de Ramon Jakobson: 1963; 1973. Nota minha.
[31] 1967.

ralismo não passou, no fundo, de *structuralisme*); o bovarismo de nossas pós-graduações, ansiosas, hoje, como no tempo de Alencar, de participar da "*haute-culture*"; o modismo que fez com que desde os anos 60 não houvesse mais livros nem obras na literatura brasileira, *só textos* etc. Não sem razão, os cínicos, quando eu e Paulo éramos estudantes, diziam ser os professores de literatura os primeiros "tarados textuais" da história.

A principal razão daquela sobrevida não era, no entendimento do meu amigo, nada daquilo. É a teoria e prática atual das faculdades de letras. A teoria diz respeito aos seus conceitos de base; a prática, à sua interação com a sociedade (que se apresenta a essas faculdades basicamente sob a forma de alunos concretos em contradição com professores concretos). Daqueles conceitos, o primeiro fundamental é o de *literatura*. Vêm em seguida: *universidade, faculdade, língua, cultura, sociedade, teoria, ensino, pesquisa, interdisciplinaridade* e muitos outros.

Etfobia

Ele se convencera de que a crise no ensino de letras, a sua angústia, é que ele trabalha com definições já superadas socialmente. O que é *superado socialmente*?

Paulo tomava para raciocinar o conceito basilar de *literatura*. Desde Mme. De Stael (1766-1817) ao último teórico estrangeiro ou brasileiro, um Tzvetan Todorov, um Afrânio Coutinho, há um rol de definições – sorriso da sociedade, o seu reflexo, corpo e seqüência de obras, linguagem usada para discutir o mundo, prática da escritura... A noção de superação intelectual não se aplica a nenhuma delas. Todas (ou quase), formuladas com inteligência e critério, constituem saberes de seus autores. No entanto, eram definições desde um lugar social, desde um contexto cultural xis. Tornam-se assim socialmente superáveis, querendo isso dizer que podem ser contestadas desde outro lugar social. Não tivéssemos ilusões: foram todas definições ideológicas de *literatura*, pretendendo, por isso mesmo, instituírem-se em *definição científica, objetiva, criteriosa, imparcial, pragmática* etc. A pergunta que interessa, portanto, é outra: o que é *literatura* para as faculdades de letras? Resposta: *literatura* é o que as faculdades de letras dizem que é *literatura*. Não é tautologia: a materialidade do conceito de literatura, que organiza o nosso ensino e pesquisa, são os departamentos de literatura e pós-graduação. Porque são socialmente inadequados, anacrônicos, é que seguem falando *estruturalês*.

Poder-se-ia objetar, porém, que o organizador dos nossos cursos de letras não é o estruturalismo e seus pós, mas o "baixo estruturalismo", contrafacção *diet* regional; que a *nouvelle critique* nunca pegou por aqui etc. Paulo considerava, no entanto, o difuso, o incompleto, a vulgata, mais renitentes. Essa renitência se comprovaria pela ETfobia de nossos cursos de literatura. ET leia-se Extratextualidade. Etfobia: horror a tudo o que esteja fora do texto – pretexto, prétexto, contexto etc. Enclausurado no texto, o ensino da literatura só podia virar nisso: decifração de quebra-cabeças.

O estruturalismo e sua progênie nasceram no movimento de contracultura dos anos 60. São primos do movimento hippie, dos Beatles, de Woodstock, do Led Zeppelin, de Aleister Crowley, do jeans, da pílula anticoncepcional, da tropicália e do LSD. A contracultura desacreditou para sempre a "alta-cultura" e a "alta-costura". Onde teve mais consistência – a antropologia do francês Lévi-Strauss, a sociossemiótica do tcheco Mukarovski, a histórico-psicanálise de Foucault – sepultou os mitos da modernidade triunfante. A contracultura, já se disse, foi o triunfo do modernismo (tardio) sobre a modernidade. Um serviço bem-feito: depois da *Antropologia estrutural* de Lévi-Strauss (1967), a história evolutiva (caminhando da horda primitiva ao comunismo), por exemplo, dançou. Dançou junto a literatura-reflexo-da-sociedade.

Paulo chama de Velha Crítica a que se praticava antes, despreocupada do texto; e de Nova Crítica a que se começou a praticar com o estruturalismo, centrada exclusivamente no texto. Travaram um duelo formidável e... morreram as duas! O desconstrucionismo de Derrida – e desconstrucionismo quer dizer, em última instância, desmonte do sentido – tentaria respiração boca-a-boca com a segunda. Convocou Nietzsche para isso. Os departamentos de literatura e as pós-graduações (na UFRJ elas se constituem por volta de 1970, apogeu da contracultura), para ficarem *up-to-date* decretam que "não há nada fora do texto". Adotam Nietzsche na versão do Collège de France e caem no niilismo. (Nietzsche niilista seria, para Paulo, uma contradição em termos.) "A cola do acaso cria o sentido", um dos lemas diletos do autor de *Gramatologia*, equivalia, tanto na rue des Écoles quanto na avenida Chile, a um manifesto.

O desconstrucionismo não passou, assim, na visão de Paulo Sarmento Guerra, de um anarquismo, uma insurgência a mais contra os sentidos do texto (sic): o desconstrucionismo é a doença da qual ele alega ser a cura[32]. Ficará na história do pensamento, provavelmente, como a moda seguinte, ou o filho insípido do pai brilhante. Paulo não queria ir longe nesse onanismo, queria apenas responder ao seguinte: por que os departamentos de literatura não se desvencilham desse lixo charmoso? É que precisam dele para demarcar o seu lugar social, defender a sua corporação. É um saber e deve ser lido como poder. Seria até inocente, se não levasse ao seqüestro do *corpus* da literatura brasileira. É um *trompe l'oeil*: dá a ilusão de que se estuda literatura... para esconder o estudo da literatura.

O aluno velho

É provável que o aluno tenda a reproduzir o professor que tem. O niilismo obedece à lei da gravidade. Se o professor abdicou de responsabilidade com ele, este abdicará, por sua vez, de responsabilidade com o colega que supõe "mais burro". Se recusará, com ar superior, a trabalhar em conjunto com os "mais fracos". Exigirá deles que tenham o seu nível de leitura e de saber. Tenderá a formar com o professor, que assim admira, uma confraria de entendidos da última moda importada. Há anos Paulo via se repetir esse espetáculo caricato: a confraria pretensiosa dos que alegam ter lido Althusser, Saussure, Lévi-Strauss, Adorno, Benjamin, Barthes, Foucault, Deleuze...

---

[32] Karl Kraus disse isso da psicanálise. Nota minha.

O aluno velho deseja o professor velho. Se este não trabalha "porque o governo não dá condições", aquele se torna inventor de probleminhas – a turma é grande, o horário confuso, não há critério de nota, fui reprovado por presença... É o jovem que pede licença para pensar – ao teórico da moda ou ao professor mais perto. Infantilizou-se. Numa orelha, o pai ou a mãe lhe sussurravam: isso não é conversa para criança. Na outra, o professor velho o adverte: interpretação não é para aluno.

Ideologia x ironia

Em matéria de conhecimento, segundo Paulo, estávamos condenados à liberdade. O espírito – inteligência e simpatia – não existe senão em movimento livre. Quer dizer: espontâneo. O Ocidente ainda não inventou, provavelmente, pedagogia superior à de Sócrates (V século a.C.). Ele interrogava os passantes, não lhes perguntava o que tinham lido nem que diploma tinham. Muitos trocavam de calçada ao vê-lo. Alguns, porém, respondiam e, então, daquelas respostas, ele fazia outras perguntas. Não exibia qualquer saber – e por isso, talvez, nada escreveu. Produzia conhecimento. Temperava as respostas dos outros e as suas próprias com ironia: todo saber individual pode ser ironizado. Com alguns, formava um grupo de afeição. Eis, portanto, a sua pedagogia: interrogação + ironia + afeição[33].

Paulo suspeitava que a universidade brasileira estivesse em melhores condições do que outras para exercitar a liberdade de espírito – pensamento, ironia e afeição, que, segundo ele, são designações da espontaneidade.

---

[33] A ironia socrática tem, naturalmente, várias interpretações. Paulo dava aqui a de destruidora do sujeito. Os seres – o eu, o Autor, o Telespectador, a Literatura Culta etc. – só podem se constituir como sujeitos não ironizáveis, isto é, como diferentes incontestáveis. Tudo o que não é ironizável passa a ser ideologia – pois não é, próprio da ideologia, precisamente, não enxergar a sua contradição interna? Sócrates foi condenado à cicuta porque ironizou os saberes, ameaçando aqueles que pretendiam se instituir como ideologias, ou seja, como saberes não ironizáveis. Nota minha.

Superioridade da universidade brasileira

Quando um aluno ingressa numa universidade americana, sua vida está traçada. Num libreto, lhe dão as ementas, os nomes dos professores, os temas dos seminários com suas respectivas datas, a bibliografia de cada tópico, a relação dos eventuais conferencistas com seus créditos etc. etc. Recebe também "um manual de como escrever trabalhos semestrais", de como deve documentar cada afirmação, conectá-las sempre em linha reta e escrever com a "clareza" dos redatores de publicidade (treinados em universidades), trilhando sempre o caminho das idéias recebidas e evitando a dificuldade de pensar. O uso de "materiais auxiliares" gravados, filmados e televisados vincula as aulas com o mundo dos meios de comunicação e ajuda a provocar um curto-circuito no processo reflexivo, a reforçar a aprendizagem por reação, desgastando assim a autonomia mental do estudante[34]. Muitos professores brasileiros, conhecidos meus e dele, anseiam por uma universidade assim.

A organização, que devia servir ao conhecimento, se torna, nesse caso, um totalitarismo. Adeus dúvida, confusão, criatividade, incerteza, cultura geral. Essa organização tipo cabeça de alfinete afastou a universidade americana do espírito universitário – que é feito de dúvida, ensaio, prospecção, negociação. *Ubi dubium ubi libertas*. A universidade brasileira, na sua precariedade, está mais perto da *universitas*. A liberdade necessária ao espírito universitário não pode se basear na proteção – esta é uma liberdade medrosa. Aqui não, podemos negociar, improvisar, inventar. Podemos *achar* – esta era a convicção de Paulo.

Valor do achismo

A universidade brasileira, ao contrário da americana, pode tirar partido do *achismo*. Vale muito o que um aluno, qualquer aluno, acha: achar é o patrimônio comum da humanidade. Somos humanos porque achamos. Daí decorre, naturalmente, que, se você se

---

[34] Morse, Richard. *O espelho de Próspero*. Nota de Paulo.

supõe mais sabido que os outros, tem o compromisso moral (quer dizer humano) de ajudá-los a produzir conhecimento. Se você se esforça para isso, você é professor, mesmo que não esteja formado. O professor, já disse alguém, é um aluno que não pode ou não quis sair da escola.

A capacidade de achar é que nos permite confrontar, negar o signo totalitário da nossa civilização: a mercadoria. Diante da mercadoria só podemos ser duas coisas: compradores ou vendedores. Não seria, em todo o caso, o exercício de uma liberdade binária, já que cada um dos termos (comprar ou vender), em si mesmo, oferece inúmeras possibilidades de ser livre (afinal eu posso vender e comprar o que quiser)? A sociedade atual de consumo diz não: ao lhe dar a possibilidade de escolher todas as coisas simultaneamente, mata a liberdade por overdose.

Se exercemos nossa capacidade de *achar*, escapamos a essa prisão[35]. Na opinião de Paulo, o *achismo* de um jovem estudante é energia cinética que o professor deve transformar em energia mecânica: do palpite à idéia.

Mulher, 18 a 21 anos

Quem é o aluno da faculdade de letras em 1997?

Mulher, entre 18 e 21 anos, moradora do subúrbio (ou Baixada Fluminense), pai pequeno comerciante ou profissional liberal e mãe "do lar". Num universo de 76 pessoas (pesquisa de Paulo em 1997), só uma coisa foi invariável: moradores da Zona Norte[36]. Que *hábitos de cultura* tem esse aluno? Lê Paulo Coelho, vê videofilmes da moda, acompanha a novela das oito, passeia em shoppings, assiste a shows de massa, pouco vai ao cinema, não vai ao teatro, não vai a

---

[35] Escapar em termos: a literatura acarreta a liberdade, ao nos desvincular da mercadoria, apenas para nos prender de novo. Desencaixa para encaixar mais acima; é, ao mesmo tempo, desalienação e vínculo. Não há como escapar: é o que nos faz humanos. Nota minha.
[36] Exceto quanto ao bairro de origem, que não pergunta, é idêntico o perfil traçado pela COOPERA naquele ano. Nota minha.

exposições, não vai a concertos, não lê jornal, não freqüenta livrarias, não tem biblioteca em casa, não viaja ao exterior (Disneylândia não vale). Enfim, a rigor, não tem "hábitos de cultura".

Considerar que o aluno, por não ter nossos hábitos, não tem *cultura* é um equívoco que Paulo não cometeria – justificaria o niilismo. Na verdade, estamos diante de um *contexto cultural* distinto daquele a que, em geral, pertence o seu professor universitário. Trata-se de uma *cultura de massa*? Cultura de massa não é contexto cultural, mas antes uma designação para os sentidos e valores veiculados pela indústria cultural. Todos os contextos culturais são atravessados pela cultura de massa – mesmo o contexto autoproclamado culto. *Contexto cultural* é um campo de força, no interior do qual, sem cessar, se produzem e circulam sentidos. A interação de contextos culturais distintos é o requisito para haver conhecimento. (Conhecimento não é, portanto, apenas a resultante de interações individuais de saberes, mas também de sentidos, o que diz respeito a grupos sociais, na sua interação com outros; e a países, no seu intercâmbio de idéias com os demais.)

Paulo não lamentava que o aluno "não é mais aquele". O aluno é *este*. É o melhor que um professor podia ter: é real e criador de sentidos distintos do nosso. Ele nos dá a oportunidade rara de assimilar os saberes do *outro* e produzir, junto com ele, um conhecimento atual e dinâmico. Certamente há os que diante do *outro*, enrijecem-se tristemente no seu *mesmo*. Paulo obviamente não os considerava professores.

O canibal de Montaigne

Com o vestibular unificado, conjugado a mudanças sociais e demográficas dos últimos vinte anos, mudou o perfil dos alunos de letras. Eles eram antes os que queriam estudar línguas e literaturas, hoje são os que *sobraram* de outras escolhas. Melhor ou pior?, ele se pergunta no texto que descrevemos.

Esse dilema existe, no seu entender, para esconder algo: é um *trompe l'oeil*. Muitos professores caem na armadilha. *Pior* quer dizer

apenas: jovem suburbano, pequeno-burguês, representante do contexto cultural X (para não dar um nome). Os que *sobraram* são os que estudaram em colégios da Zona Norte, insuficientes para aprovar vestibulandos em *cursos difíceis* (medicina, odontologia, comunicação etc.). Isso significa que temos alunos *piores,* espécies de "deficientes culturais", incapazes de literatura?
Não. O *equipamento* cultural que se exige para estudar literatura é mínimo: saber ler. Não certamente juntar letras e palavras, mas interpretar, decifrar, *achar, fazer perguntas* no dizer de Kafka. É indiferente ter passado por bons ou maus colégios: todos maltratam a literatura, nenhum ensina a ler. Se, para a literatura, o que importa é a fruição do texto – "essa felicidade sem nome que acelera o pulso", na frase de Wilde, "esse gozo que só serve para gozar", na de Borges –, a pedagogia correspondente só pode ser a espontânea. Processo e produto. Desejo e cumplicidade. *Sponte* e *spondeo.*

O *achismo* dos alunos de letras, em nossas circunstâncias, era, na visão provocativa de Paulo, o *equipamento* básico para torná-los conhecedores de literatura. Poderia, então, acontecer que alguns deixassem de amá-la, mas que muitos outros passassem a amá-la. Seu *achismo*, ainda quando nos pareça ingênuo e mal informado, é mensagem do seu contexto para o nosso. Deveríamos devorar este aluno para o nosso próprio bem. Eis o que conferia superioridade ao selvagem de Montaigne sobre o europeu: devoração daquele que você reconhece como outro[37].

O gosto do mestre

Quando um professor diz: "este livro é boa literatura", o que está dizendo? De que é feito o gosto literário de um professor de letras?
Primeiro, do que recomenda a mídia: os suplementos literários e as malas-diretas das editoras. Nisso, ele não se diferencia de qualquer aluno "sem gosto". Segundo, do que está consagrado pela "estante clássica", a lista canônica dos "bons autores". Terceiro, variante des-

---
[37] Montaigne. *Ensaios.* Nota de Paulo.

sa, do que figura na "história da literatura", a linhagem eminente que vem de Homero a, digamos, Joyce. Quarto, do que se inclui nas "-linhas de pesquisa" dos programas de pós-graduação. Esses são os componentes externos, variáveis (digamos), do seu gosto. Mas há um componente interno, essencial, ativo na produção do seu gosto: ele próprio.

O que é "ele próprio"? Primeiro, o seu metabolismo de classe, as maneiras pelas quais as pessoas do seu lugar social produzem o gosto que as identifica. Nenhum professor de juízo confessará, por exemplo, que gosta de Paulo Coelho ou Janete Clair, mas todos dirão que amam Clarice Lispector e João Gilberto Noll. Segundo, os sentidos do seu contexto cultural, os valores que jamais podem ser postos em dúvida sob pena de se provocar um curto-circuito no seu "campo de força" simbólico. Terceiro, a sua pessoalidade, que nada mais é do que a maneira irrepetível, completamente pessoal, com que uma pessoa combina todos esses elementos de gosto. Os dois primeiros componentes são fortes, o último fraco – pois a liberdade de combinar elementos é limitada pela própria natureza já dada desses elementos. O "eu-próprio" é um corpo, um lugar social e não um eu consciente. Como o Deus de Einstein, ele não joga dados. Se jogasse, a sorte estaria irremediavelmente entre 1 a 6.

O livro preferido de Paulo era *O Ateneu*, de Raul Pompéia. Ele o escolhera quando tinha 17 anos. Escolha livre? Dentre os romances que *a sua classe, a sua cultura, seus professores de português*, a Biblioteca Nacional onde se sentava toda manhã para ler, os suplementos literários (se lembrava do "Para Todos") punham à sua disposição de jovem leitor, *ele* escolheu *O Ateneu* (e não outro). Para ter elegido *O Ateneu* como seu romance preferido, entraram fatores passivos e um ativo. Sem qualquer daquelas circunstâncias Paulo jamais teria podido eleger a obra-prima de Pompéia: "aqui suspendo essa crônica de saudades"...

A padeira de Barthes

Descobrira, portanto, que sua predileção pelo *O Ateneu* é um *mito*, um sentido partilhado por muitos leitores que corre por baixo do seu gosto pessoal. Um código social. Se é assim, o bom professor de literatura deve ser um *mitólogo*, um decifrador do que Barthes chamou "sentidos de segunda ordem", tanto os seus quanto os alheios. (Dentre esses *mitos* o mais poderoso é precisamente aquele que subjaz à idéia de literatura dos departamentos de literatura das faculdades de letras: a *literatura*.) Esses *mitos* são códigos sociais e ideologia, incapazes, portanto, de enxergarem as suas próprias contradições. Sem capacidade de ver a sua idéia de literatura como ideologia, professores e críticos acabam por defini-la como científica. Sobre esse sentido oculto que, ao ver de Paulo, cabe ao professor revelar, Barthes conta que certa manhã observou à senhora da padaria: "a luminosidade está muito bonita". Ela nada respondeu. Ele concluiu que "ver a luminosidade" era uma sensibilidade de classe. A beleza da luminosidade é um *mito* partilhado por intelectuais, mas não por padeiras francesas. Barthes descobriu que a observação aparentemente natural era cultural[38].

A textura áspera

A moda, nesse sentido, se pareceria com a literatura. Moda entendida como perenidade do gosto pelo efêmero – na comida, no lazer, no vestuário etc. Uma grã-fina da Zona Sul carioca, por exemplo. Seu *tailleur* foi escolhido porque está na moda. Quem ditou a moda? A alta-costura da Europa ou EUA, os desfiles de grife, as vitrines de butiques, em suma, o que está consagrado pela tradição, pelo mundo da moda e à disposição de compradoras sofisticadas. O olho da Zona Sul desliza sobre um vestuário assim com tranqüilidade: a textura é lisa. O que acontece se os mesmos elementos de moda estiverem como, em geral estão, à venda numa butique da Zona Norte?

---

[38] Barthes, Roland. *Roland Barthes by Roland Barthes*, pp. 176-178.

Os próprios corpos diferentes tornarão diferente aquela moda. Além disso, serão recombinados de maneira peculiar – de Zona Norte. Um exemplo, na culinária: durante algum tempo, o primeiro McDonald's de Caxias, Baixada Fluminense, serviu pastel e chope. Essas antifonias darão ao observador a sensação de "textura áspera" uma combinação inesperada, um outro gosto que parecerá falta de gosto ou mau gosto[39]. A diferença entre Ipanema e Madureira, em moda como em literatura, é topológica: diferença de contexto cultural.

A moda e a literatura patenteiam, pois, que não há cultura, há contextos culturais, esses campos de força não homogêneos que se fazem e desfazem sem cessar pelo nascimento e morte sucessivos e simultâneos de sentidos. Logo, ver o aluno desde o lugar da cultura pareceu a Paulo exercício de hegemonia. O lugar do que chamamos cultura são as Luzes: quando a Europa ocidental descobriu o universal da Razão, na segunda metade do século XVIII, estava pronta para classificar os povos do mundo em adiantados e atrasados, civilizados e primitivos – afinal, não se compara banana com laranja. No próprio interior dos países centrais, se passou a chamar cultura de alta cultura, por oposição a cultura popular. A primeira abarcava a ciência, a filosofia, as artes e as belas-letras, sendo a universidade a instituição que as cultivava e transmitia. A segunda abarcava o folclore, o saber popular, a literatura oral etc. Alta cultura: desse lugar proeminente era possível tudo iluminar.

A morte da universidade

As universidades, essas instituições exemplares da modernidade, tiveram essa função de iluminar (esclarecer). Se imaginarmos o mundo real como uma cena, há inúmeros *spots* iluminando-o. A universidade, como passou a ser concebida a partir do Renascimento, é o *spot* principal; os demais – os centros de cultura, as escolas profissionalizantes, as revistas de divulgação científica, as rádios e tevês educativas, os suplementos literários etc. – são acessórios.

---

[39] Helena, 1997. Nota de Paulo.

O Livro de Paulo 59

Ocorre que a universidade morreu. Daquele *spot* apenas desce uma luz melancólica e fria. Qual o próximo passo: a retirada do *spot* inútil ou a sua reenergização? Antes de tentar a resposta, Paulo quis especular sobre as razões de colapso da instituição que já foi a mais prestigiosa do Ocidente, a pérola da sua civilização, ilustração implacável da sua hegemonia. (Narra Margaret Mead que na sua primeira estada entre nativos da Nova Guiné, teve sua tenda visitada por um bando guerreiro. Uma jovem *mignon* branca cercada de machos estranhos. Depois que partiram ela deu por falta de uma caixa de fósforo. A tendência era esquecer, mas seu instinto de sobrevivência a fez ir atrás. Encontrou o grupo acampado. Exigiu do chefe que interrogasse seus homens e lhe devolvesse a caixinha. Afirmava, naquele instante, a superioridade do homem branco – embora ela fosse uma judiazinha de um metro e meio de altura – sobre selvagens. Da universidade sobre a tribo. Paulo citava de cabeça, mas não conheço melhor exemplo de hegemonia ocidental por intermédio de um *scholar*.)

A universidade morreu, em primeiro lugar, porque a modernidade – ao menos na sua vertente anglo-saxônica – se esgotou. Uma hipótese é que não tenha se esgotado na sua vertente ibérica, de que o Brasil é hoje um representante conspícuo. Hipótese autorizada pela existência potencial, na Baixa Idade Média, de dois desígnios futuros (a serem desdobrados pela modernidade): o francês Pedro Abelardo (1079-1142) gera, ao mesmo tempo, o inglês Guilherme de Occham (1270-1347) e o dominicano Tomás de Aquino (1225-1274), de que procede a visão de mundo ibero-americana. No caso do espírito universitário, por exemplo, argumentava Paulo, há um anglo-saxão, que vem de Occham, centrado na busca do certificado da prova e da certeza, e outro ibérico, centrado na complementariedade do mundo natural e da verdade da fé (tomismo). O primeiro, por sobre quinhentos anos, vem a dar na universidade americana, o segundo, na brasileira.

Ele via, pois, uma possibilidade de a universidade não sucumbir ao colapso da modernidade: retomar o desígnio ibérico que sempre subsistiu às tentativas de torná-la moderna. A universidade brasileira seria uma mutante imunizada contra o vírus da pós-modernidade: ela já traz esse vírus. Quanto às faculdades de letras, por exemplo, seria suficiente corrigir-lhes as adiposidades jesuíticas, latinizantes, classicizantes – não precisa cirurgia, basta um *spa*. Não que Paulo considerasse inúteis os estudos clássicos. Ao contrário. Os velhos catedráticos de latim, grego e filologia, com suas ilustrações de Homero e Apuleio, *ensinavam*, na sua opinião, mais literatura que os tarados textuais da Poética.

O *spot* não precisa ser desligado. Ele pode ser reenergizado. Mas atenção: o espetáculo mudou. A cena não é mais íntima. É de massa (suburbana e classe média) e feminina (o vestibular 97 da UFRJ, por exemplo, aprovou 28.036 mulheres contra 20.043 homens). A massificação, de resto, afetou todas as instâncias – não só a universidade –, levando ao colapso as instituições públicas. No tempo de nossos avós, a Justiça não parecia lenta, uma vez que era demandada por poucos e, em geral, na defesa do patrimônio. Os que a demandam hoje são legião e não apenas em defesa do patrimônio (que não têm): os tribunais vivem atravancados. A lentidão, nesse caso, é sintoma de democratização. O mesmo ocorreria com a educação elementar. A escola pública era ótima no tempo das normalistas de azul e branco, mas apenas 30% das famílias pobres punham filhos na escola. Hoje, que 100% põem, como manter a excelência do ensino sem adequar as escolas normais? Na saúde da mesma forma: ou os cirurgiões aprendem a tratar traumas de arma de fogo e trânsito (nova especialidade cirúrgica) ou ficam ociosos.

Reenergizar a universidade brasileira significaria adequá-la à sociedade de massas, o que não significa, de nenhum modo, adequação ao mercado. No caso da faculdade de letras é que se vê com clareza a crise e sua solução. O conceito fundador de literatura está vazio: estilo e escrita, forma e conteúdo, expressão e arte, obra e texto, língua e linguagem, reflexo e mito de segunda ordem, ciência e prazer – mataram-se num duelo que não comove a geração atual. Literatura não é mais o que a minha geração (ou as anteriores) disse que é literatura. Pode-se fazer uma paródia da célebre sentença de Fukuyama (a história acabou): a literatura acabou. Em que sentido?

Além do desconstrucionismo não há nada, não pode haver nada. Tudo o que é interessante ficou para trás, numa linha *recuante* que chega aos romances de cavalaria que habitavam o delírio de D. Quixote: literatura e crítica literária. Paulo não acreditava, no entanto, que a literatura acabou (nem a história). Ou a sentença é retórica ou é uma blague. Achava haver uma saída: que os atuais estudantes de letras, derrubando a Bastilha dos departamentos de literatura, digam o que é literatura. Esse é o seu saber. Ao interagir com o dos professores produzirão o conhecimento específico das faculdades de letras que – como supraconsciência – nos identificará e normatizará no futuro.

O niilismo da crítica universitária

O estruturalismo – e seu corolário, o desconstrucionismo – teria feito bem e mal aos estudos literários no Brasil. O bem foi fechar o caixão a dois tipos de crítica: a impressionista e a socioeconômica. A primeira dependia dos humores do crítico, a segunda da *teoria do reflexo*, uma variante soturna da "literatura, sorriso da sociedade". O estruturalismo e seu filhote mudaram o foco da crítica do assunto para o discurso onde, de fato, se pode localizar o social. E o mal? O mal, para o atormentado Paulo Sarmento Guerra, foi abrir a porta ao niilismo nas faculdades de letras.

Enquanto o estruturalismo foi moda – dos anos 70 até o começo dos 90 –, a literatura foi estudada como um campo inteligível em si mesmo. Tratar a literatura como linguagem e nada mais se tornou o primeiro mandamento da crítica. Amputaram as dimensões sociais e civilizatórias do texto. É verdade que elas tinham sido superestimadas antes, mas jogou-se fora a água da bacia com a criança. A análise literária virou uma espécie de análise de resistência dos materiais, já que só importava a engenharia do texto (ou a álgebra da narração) a sua literariedade, estrutura etc. A análise do texto venceu o texto.

O efeito ainda é sentido nos cursos de literatura brasileira: autores como Zé Lins do Rego, Jorge Amado, Lima Barreto, Graciliano Ramos, quase todos os naturalistas e "memorialistas" foram seqüestrados. No seu lugar entronizaram-se os que pareciam incapazes – na realidade não eram – de se comunicar: Clarice Lispector, algum Carlos Drummond, João Cabral... Não foram entronizados por seu valor literário, mas por sua literariedade – uma espécie nova de autismo. Para os outros sobraram as classificações de subliteratura, paraliteratura etc.

O machadismo

Machado de Assis é talvez a única unanimidade da literatura brasileira. Qualquer que seja o critério é o nosso maior escritor. Do Morro do Livramento ao Cosme Velho, da tipografia de Paula Brito à Academia Brasileira de Letras, construiu a mais formidável carreira de escritor no Brasil. Queria ser aquilo e, contra todos os obstáculos – mesmo a "má aparência", mesmo a gagueira –, foi. Mais admirável só a própria obra: inteligente, sensual, polissêmica, virtuosística. Quem não leu Machado é como quem não leu Virgílio, Faulkner, Virginia Woolf, Alejo Carpentier, Eça. Não teve esse gozo inaudito a que chamamos literatura.

Até aí, ironizara Paulo, morreu neves. Acontece que, como dizia Nelson Rodrigues, toda unanimidade é burra. Ela esconde, oculta, recalca. Machado de Assis corre o risco de virar o Maomé das Letras, Dom Casmurro, o Corão, seus admiradores, fundamentalistas: para opinar sobre qualquer coisa volta-se a ele, o fundamento. A mulher na literatura? *Iaiá Garcia.* Adultério? *A cartomante.* Namoro? *Missa do galo.* Loucura? *O alienista...*

Esse fundamentalismo lhe parecia invenção dos departamentos de literatura e, ao mesmo tempo, a sua razão de ser. Parodiando o que se disse de Racine – a tarefa das faculdades de letras da França é declarar que Racine é Racine –, se não houvesse Machado de Assis as nossas fechariam. O fundamentalismo machadiano é como qualquer outro: uma tautologia. Para escapar dela, é preciso dar atenção aos significados que a leitura de Machado de Assis engendra, isto é, às possibilidades histórico-sociais de leituras que se abriram desde então até hoje, e não no suposto auto-significado do texto machadia-

O Livro de Paulo   63

no. A crítica, como já se disse, é a arte do preenchimento, pois um autor, Homero, Shakespeare, Balzac, Borges, Lima Barreto, qualquer um (desde que valha o esforço) é um "lugar vazio"[40]. De resto, é inútil. Os departamentos de literatura já não são capazes de proteger o seu fundamento. Sem proteção, a literatura está pronta para alçar o seu *vôo livre* (a única razão que a justifica): o espetáculo da beleza e do horror, do gênese e do apocalipse, da vida e da forma, da aparência e da profundidade, da representação e da epifania, do cheio e do vazio, do significado e do significante, do comum e do insólito, do harmônico e do antifônico, do zero e do infinito.

Paulo bem sabia que literatura só existe no interior da língua: a língua, portanto, é seu campo inteligível. Ora, quem diz língua diz sistema de comunicação. A literatura – além de tudo o que é: perplexidade diante da existência, sondagem do mundo, forma de conhecimento etc. – é fenômeno de comunicação. Isso significa que ela soluciona, ao nível da língua, as contradições entre as diversas formas de comunicação que são as línguas e falares de uma sociedade. Ao se instituir como forma de comunicação, ela nega e supera (recalcando) outras formas de comunicação.

Pode-se ver isso, era convicção de Paulo, no caso de Machado de Assis.

Conforme se vai para o passado, o Brasil mais se apresenta como um mosaico de línguas. No tempo de Gregório de Matos, por exemplo (século XVII), falavam-se tantas línguas na Bahia que os padres precisaram instituir uma "língua-geral"[41]. Nesse momento, a literatura brasileira não era possível: as línguas faladas não eram aquelas em que se escrevia. Mesmo Gregório, a rigor, pertence à literatura portuguesa – de "ultramar".

Na metade do século XIX, quando José de Alencar começa a escrever (*O guarani* é de 1857) continuava o mosaico, mas o português, com variantes dialetais, falares e algaravias, era falado por muita

---
[40] Já Cristo e Maomé não o são, que o digam Scorsese e Salman Rushdie. Nota minha.
[41] Escolheram para isso uma variante do tupi-guarani, que codificaram. (Ver a *Arte de gramática da língua mais usada na costa do Brasil*, 1595, de Anchieta.) Nota de Paulo.

gente – se bem que o tupi-guarani continuasse na frente, mais ou menos na proporção de 3 para 1. A contradição lingüística principal era, pois, português x tupi-guarani. A obra de Alencar – enquanto fenômeno de comunicação – foi solução para essa contradição. Em que sentido se diz que "Alencar fundou a literatura brasileira"? Neste: é o primeiro compromisso (solução) nacional para a contradição social brasileira ao nível da língua. (Ao nível da língua porque ela se manifestava também em outros níveis, como o da luta política.)

No final do século, quando Machado já está na "segunda fase" (*Quincas Borba* é de 1891), o tupi-guarani se limitava a minorias dispersas. O embate agora é entre o português abrasileirado das elites e uma língua popular constituída de sobras lingüísticas africanas e indígenas – espécie de crioulo –, combinadas regionalmente. Uma diversidade enorme sob a aparência de língua unificada. É o momento em que aquelas elites projetam o país que desejam. Nesse projeto só cabe uma língua nacional: o português-brasileiro. Está portanto outra vez na hora de a literatura funcionar como solução, como compromisso entre contraditórios. Passou o momento de Alencar, chegou a hora de Machado. Seu texto, caprichadíssimo, mostrará como se deve usar a língua nacional: se institui como norma. É como se dissesse: aqui não se deve falar e escrever como em Portugal, nem também como o povo brasileiro inculto. Se deve escrever assim: leiam meus contos e romances. Esse era o projeto consciente de Machado de Assis? Paulo não era ingênuo a ponto de achá-lo. O que o menino do Livramento queria era fazer literatura. Ocorre que o menino do Livramento se tornou o mais admirado dos homens de letras, o bruxo do Cosme Velho. E fundou a Academia Brasileira de Letras, para imortalizar – isto é, dar perenidade – os que escreviam. Nesse momento, sua vocação se compôs com o projeto das elites para construir uma nação única com uma língua única.

Machado de Assis não era gramático nem professor nem autor de livros de português. Mas sem ele, esses não teriam como ser nada disso. Ele lhes deu "régua e compasso" (Gilberto Gil: "... a Bahia já me deu régua e compasso"). O que é, portanto, um curso de letras? O lugar onde se estuda literatura a partir de uma norma: os livros de Machado de Assis. A norma é invisível, mas está lá, supervisionando os outros escritores. Quanto mais perto de Machado, melhores, quanto mais afastados, piores. Como ao cabo ninguém conseguirá se aproximar do Mestre, ele é proclamado único. Como *big-bang* que deu início ao nosso universo literário, sempre que há dúvida se recorre a ele. Pode ser mulher nua, corrida de cavalo, dor de dente, pobreza de espírito, o que for, procuremos no Machado. Um fundamentalismo como qualquer outro[42].

A literatura como cultura

A literatura nada é em si mesma. Mesmo concebida como combinação de formas – espécie de caleidoscópio – se refere a algo exterior. Há uma comunicação com a sociedade a que não pode escapar: os leitores. Leitores têm posição social, grau de instrução, patrimônio cultural etc. Até os erros gramaticais e os barbarismos de Paulo Coelho, o best-seller que tanto irritava intelectuais do calibre de Paulo Sarmento, por exemplo, são do seu tempo e sua geração.

Paulo Coelho: eis a Esfinge das faculdades de letras. Como não a decifram, vão sendo devoradas anos após anos. Literatura é o que as faculdades de letras, mais a Academia, as editoras, dizem ser literatura. Esta é a materialidade do conceito de literatura em uso nas faculdades de letras com seus departamentos. Por que os professores de letras não oferecem cursos sobre best-sellers? Porque são professores de letras. Essa tautologia demonstraria para Paulo que o nosso ponto crítico está no ensino. O estudo de Paulo Coelho, por exemplo, exigiria a colaboração da antropologia, da psicologia, da sociologia e da teoria da comunicação (pelo menos). Exigiria, em suma, que os departamentos de literatura se fizessem interdisciplinares, tratando a literatura como capítulo da cultura. (Era evidente, a essa altura de suas "apostilas", que Paulo andava incomodado com o entusiasmo de Virgínia pela literatura de Paulo Coelho. A coisa foi num crescendo, e breve ele decidiria enfrentá-la.)

---

[42] Esse ponto de vista – a literatura como aplainadora de contradições ao nível de língua e, portanto, desta como aspecto da materialidade daquela – Paulo foi buscar em diversos autores, mas sobretudo, em Muniz Sodré, *Literatura e comunicação de massa*.

Poderão os departamentos de literatura refazer-se? Na opinião de Paulo, não. A menos que um outro *sujeito*, portador dessa consciência, dessa *ironia*, instale a crise. De outro modo, eles permanecerão *sujeitos não ironizáveis*, apresentando como ciência o que não passa de ideologia.

Os órfãos do sr. Barthes

Voltemos à sua idéia de literatura como exercício de espontaneidade – tanto no momento da sua criação, pelo autor, quanto no da sua fruição, pelo leitor. Paulo via a espontaneidade como uma moeda de duas faces: *sponte*, moto-próprio, e *spondeo*, compromisso. A primeira não requer mais explicações, a segunda exige um complemento. Compromisso com quem, ou com o quê? Com a forma – responderia, sem pestanejar, qualquer crítico ou professor moderno, cabeça feita pelas teorias da *nouvelle critique* para cá (digamos a partir de 1960). A porca torce o rabo quando se pergunta: o que é forma literária? Muitos já tentaram uma resposta unívoca, mas para ficar apenas no arraial do estruturalismo literário que devastou as faculdades de letras nos últimos trinta anos – e em especial no notório Roland Barthes – o principal da forma, a sua parte inconsciente, é a *escritura*. Bem, o que eles chamavam *escritura* nada mais é que um vazio existente quando nós, os leitores, o preenchemos, o que acaba por defini-la como um uso social da forma literária. Ficamos, para concluir, em que *spondeo* (que tomava como segundo momento da espontaneidade), é ao mesmo tempo um ato consciente do autor (seu compromisso assumido e exclusivo com a forma) e inconsciente (sua invenção pessoal de uma forma que não passa de combinações arbitrárias, a *escritura*, de elementos sociais). Esse fundo invariante, já dado quando um autor começa a escrever, é que será, em última instância, a estrutura – daí estruturalismo[43].

---

[43] Paulo dava uma definição sumaríssima de uma teoria e um movimento complexos. Talvez não tenha sido justo. O estruturalismo significou a busca do significado, ou melhor, das possibilidades de significados, em detrimento de causas e efeitos. Nisso foi um avanço. Como bibliografia introdutória à moda estruturalismo, ele recomendava a seus alunos: Merquior, J. G.

Onde Paulo via imediatamente a literatura como capítulo da cultura era nos "estilos de época". O barroquismo, por exemplo, é do Ocidente europeu no século XVII, mas também uma tendência permanente da sociabilidade brasileira. Mesmo quando o autor corta deliberadamente os vínculos com os leitores – Lúcio Cardoso, por exemplo, em *Crônica da casa assassinada*, 1959, ou Clarice Lispector em *A maçã no escuro*, 1961 – sua tentativa corresponde a eventos de natureza não-literária que estão ocorrendo nas artes, na filosofia, na política, na tecnologia etc. A derrota do autismo literário, pensava Paulo, é que ele pode ser estudado como qualquer realismo. Ler é atribuir significados fora e não dentro da coisa – se cruzarmos, por exemplo, com um adolescente, e de óculos lemos que é um *braum*. Que é um *braum*? Precisamente o que dá sentido, o que torna legível a criatura que vimos.

Um texto literário pode ser fruído com pouca, às vezes nenhuma, referência à cultura – uma fruição pobre, anestésica. Mas não pode ser estudado senão contra esse pano de fundo[44].

O medo à liberdade

Não sabemos o que é liberdade, talvez seja uma calça velha desbotada – Paulo fazia blague. Talvez a ausência de chefe. Talvez o "assim é se lhe parece", de Pirandello. No metrô de Nova York, ele viu certa vez um negro de tênis descomunal gritar para um velhinho branco que lhe pedira, timidamente, para diminuir o som do rádio (que o negro carregava no ombro):

– *Freedom!*

Em matéria de conhecimento, liberdade é sinônimo de pensamento próprio. Logo, não reconhecer no aluno capacidade de tê-lo,

---

A estética de Lévi Strauss e *De Praga a Paris, o surgimento, a mudança e a dissolução da idéia estruturalista*; Bastide, Roger (org.); *Usos e sentidos do termo estrutura nas ciências humanas e sociais*; Donato, Eugênio e Macksey, Richard. *A controvérsia estruturalista*. Nota minha.

[44] Para o antiformalismo, Paulo recomendava a seus alunos Bakhtin, Mikhail, *Questões literárias e de estética*, p. 20-4º parágrafo, 36-penúltimo parágrafo; para literatura como capítulo da cultura, ibid: 29-2º parágrafo.

sob qualquer circunstância e pretexto, como advertira, é matar a possibilidade de conhecimento. Os professores-problema na universidade são os que temem o pensamento próprio do aluno. Prolongam o professor primário e colegial que, por sua vez, prolonga os pais e avós: suprimem a hostilidade, a agressividade e o desejo dos alunos. Ei-los prontos para o diploma: sem hostilidade, sem agressividade, sem desejo. Os de letras, além disso, sem gosto.

Ocorre que aquelas três coisas têm de ser satisfeitas. Se não são, travestem-se. O travesti do desejo é a submissão.

– Então o senhor vai deixar *eu* escolher o que *eu* vou estudar?

A submissão era segura: como a masturbação coibida pelos pais e professores trazia prazer. Há de fato satisfação em se submeter à norma, à disciplina, à escolha da autoridade, do pai que tem experiência, e do professor que tem saber? Quem quer que veja televisão já experimentou essa satisfação. Já o prazer que a literatura dá é o da liberdade. Logo, só se pode ler e estudar literatura em liberdade. É a única metodologia que funciona. Que seja um prazer cobiçado e ao mesmo tempo ameaçador, só informa sobre a natureza do prazer – assim o angustiado e provocativo Paulo Sarmento Guerra chegava ao fim da sua apostila *Proposta para um curso espontâneo de literatura brasileira*.

POLÊMICA 2

No segundo semestre de 1996, Paulo ofereceu na sua disciplina um curso intitulado "Literatura: literaturas". Decidira pegar o touro à unha. Eis um resumo da sua "Introdução" a esse curso[45]. Procurei ser fiel a suas idéias, intenções e estilo. As notas e os subtítulos, em geral, são dele.

A mulher-búfalo

Em 1927, o governador de Alagoas recebeu dois relatórios de um prefeito do interior. Escritos em código burocrático, não eram literatura. Não se sabe como, foram parar na mesa do editor carioca, dublê de poeta, Augusto Frederico Schmidt. "Este sujeito deve ter um romance na gaveta", sentenciou. Algumas cartas depois, o ex-prefeito de Palmeira dos Índios (esse era o município alagoano) aceitou publicar *Caetés* (1934), iniciando sua carreira literária. Chamava-se Graciliano Ramos.

O que é literatura? Não sabemos, sabemos quando há literatura – e já é muito. Os biólogos, a rigor, também não sabem o que é vida, sabem apenas quando uma coisa tem vida[46]. Ninguém chamaria de literatura relatórios de prefeitos, bulas de remédio, folhetos de propaganda. Graciliano foi "descoberto" num texto em que só usou pala-

---
[45] Arquivo de Paulo Sarmento.
[46] Ver, entre outros, Gould, Stephan Jay. *Darwin e os grandes enigmas da vida*; Monod, Jacques. *O acaso e a necessidade – ensaio sobre a filosofia natural da biologia moderna* e, do próprio Darwin, *A origem das espécies*. Nota minha.

vras comuns – salvo três ou quatro e, mesmo assim, a ouvidos sulistas. Talvez a *literalidade* seja esse incomum logrado com palavras comuns, um ligeiro sobressalto que acomete o leitor num torneio de frase, numa pontuação, numa aproximação de termos que não costumam andar juntos: um estranhamento. A adolescente mergulhada na leitura de *Sabrina* precisa ser alertada pelo trocador do ônibus: ponto final! O leitor refinado que vara a noite em cima de *O Aleph*, de Borges, será advertido pelo chefe na manhã seguinte: literatura não enche barriga. O aposentado que acompanha enleado o capítulo da novela das oito e, aqui e ali, comenta com seus botões: é apenas uma novela. Cada um a seu modo experimenta esse "efeito de estranhamento" que é a descrição mais elementar da fruição literária.

A saga de fundação da República do Mali na África ocidental tem inúmeras versões, orais e escritas. Em todas elas aparece um búfalo imemorial que dizimava as aldeias do país de Do. Crianças e mulheres já não podiam ir à fonte. Caçadores de todo o continente eram atraídos pela aventura de matá-lo, desejando prestígio e fortuna. Certo dia, dois irmãos, vindos de muito longe e tidos como os melhores arqueiros do mundo, vão transpor o rio-fronteira. Uma velha encardida, andrajosa, lhes pede pão – que naquela região é inhame. Eles abrem o alforje: "Aqui está, minha velha. Agora nos diga: é por aqui a terra do búfalo assassino?" E a velha, começando a mastigar: "Eu sou o búfalo que vocês estão procurando! Matem-me e vão receber o prêmio."

É provável (Paulo recorre ao testemunho do dr. Simoni Akolo, da Universidade de Ouagadougou) que o ponto culminante desse relato seja este: "Eu sou o búfalo que vocês estão procurando!" Toda a história converge para este momento: é o ponto de concentração. Pode-se mesmo supor que os ouvintes só a ouvissem para gozar aquele instante (como as crianças que só ouvem o Chapeuzinho Vermelho para sentirem o "medinho gostoso" da hora em que o lobo, desmascarado, salta sobre a vovozinha: "Para que esta boca tão grande, vovó? É para te comer, minha netinha!"). Alcança-se então o gozo (ou fruição) literária, podendo-se dizer que para isso existe a literatura: dar esse gozo.

Essa longa história (de que Paulo reproduz apenas um capítulo) é uma saga. Que é saga? Entre os escandinavos, designava contos e lendas tradicionais, na maior parte islandeses, transcritos entre os séculos XII e XIV. O termo adquiriu, com o uso, outros sentidos, como o de história de uma família ou de jornada heróica. Os dicionários não dizem, contudo, o principal: a saga, como a da mulher-búfalo, é uma "totalidade existencial". Ela não é inicialmente escrita, depois será ou não. Se se quiser manter aquela totalidade existencial, o instrumento para escrever a saga será o ideograma – como o chinês, por exemplo. O ideograma representa a idéia inteira, sem divisão. Se não se quiser manter a experiência total, vivencial, então se escreverá a saga em alfabeto. Pois a alfabetização é uma esquizofrenia histórica, no dizer de um filósofo:

A história do Ocidente se implanta numa dissociação de vida e trabalho. Antes do alfabeto não havia separação. É que o homem não estava cindido. Os sentidos se achavam em perfeita harmonia entre si e dentro do todo. Com o alfabeto, no entanto, a visão começa a impor-se aos outros sentidos, desenvolvendo-se desproporcional e exageradamente. Uma letra, uma palavra, uma frase são extensões do olho. A forma escrita não tem nenhuma relação direta com a realidade. [...] O olho transmite ao cérebro um símbolo cifrado que o cérebro decifra. [...] O meio de ligação com o real é a relação olho x cérebro em detrimento dos demais sentidos.[...] O pensamento separa-se do sentimento fazendo-se progressivamente racional, linear, seqüencial[47].

Covarde, sei que me podem chamar

A literatura pode, pois, ocorrer tanto num texto burocrático quanto numa saga. Tome-se, agora, um exemplo de outro tipo. Foi grande sucesso nos anos 60 (e ainda é) um samba de Ataulfo Alves:

---

[47] Carneiro Leão, Emmanuel. *Aprendendo a pensar*, 1977: 157.

Covarde, sei que me podem chamar
Porque não calo no peito essa dor
Atire a primeira pedra, iaiá
Aquele que não sofreu por amor.

Há pelo menos três maneiras comuns de dizer a idéia do primeiro verso: 1) Sei que podem me chamar de covarde; 2) Sei que me podem chamar de covarde; 3) De covarde sei que podem me chamar. Dentre as muitas maneiras de formar o verso, no entanto, o autor escolheu a mais incomum – a camoniana, por assim dizer: Covarde, *vírgula*, sei que *me podem* (em vez de *podem me*) chamar. Por meio de uma construção não habitual, o compositor popular logrou um "efeito de estranhamento" nos ouvintes (no caso da canção popular, milhões de pessoas) com o que a sua canção ganhou um significado coletivo. É como se criasse a comunidade dos curtidores (ou fruidores) de "Covarde, sei que me podem chamar". Estamos, como se pode perceber, diante de um segundo atributo da literalidade: o significado coletivo.

O combate com o Anjo

Conta o livro de Gênesis (32; 22 e segs.) que, após atravessar sua tribo pelo vau de Jaboque, Jacó voltou à primeira margem. Queria dormir aquela noite só. De madrugada foi atacado por um estranho. Lutaram até o alvorecer, sem vencedor. Jacó não conseguia ver-lhe a face. Também não o feriu, mas viu que estava coxo. O sujeito lhe disse: esse aleijão é a marca do teu combate comigo, lutaste com Deus e com os homens e prevaleceste. Teu nome será daqui por diante Israel. E para não esquecê-lo, jamais os filhos de Israel comerão o nervo encolhido que está sobre a juntura da coxa.

Esse combate com o Anjo pode ser lido como alegoria da literatura e sua função. O artista luta contra o Anjo na calada da noite. ("Lutar com palavras/ é a luta mais vã./ Entanto lutamos/ mal rompe a manhã", diz Drummond em "O Lutador"). Sai "aleijado" da luta e, com a obra (o aleijão), lança um interdito sobre a comunidade, muda-lhe o nome. São dois os momentos da criação: o combate solitário e noturno com o Anjo e a doação ao grupo do símbolo e memória daquela luta. Individuação e socialização.

Somos, pois, tentados a concluir que o samba de Ataulfo Alves é também literatura (sem embargo de ser, é claro, arte musical). Pelo manejo da língua ele logra, tanto quanto os relatórios de Graciliano, o "efeito de estranhamento" nos ouvintes-leitores – "efeito de estranhamento" que instituiu, ao longo do tempo, um significado coletivo. Verificam-se, também, nos dois casos (os relatórios e o samba) a individuação seguida da socialização do ato criativo.

A questão estaria assim resolvida, não fosse uma ressalva: uma vez que a raiz latina de literatura é a mesma de letra – *littera* – não se deveria designar como literatura exclusivamente o texto escrito e, por conseqüência, unicamente o texto em livro? Ou a literatura pode *acontecer* em vários meios – disquete de computador, canção, história em quadrinhos, romances gravados para cegos, telenovelas etc.?

Em nossas cabeças, livro e literatura estão fundamente associados. No latim, contudo, pertenciam a campos semânticos distintos: livro vem de *libra*, literatura de *littera*. Zaratustra, a mais famosa personagem de Nietzsche, denunciava a "imaginação papeleira dos intelectuais em geral", e pode estar aí o começo da explicação para livro e literatura serem quase sinônimos em nossa civilização moderna – o diagnóstico só não serviria para a longa fase histórica anterior ao Renascimento (século XV). Se literatura fosse igual a livro, o Brasil, por exemplo, não teria literatura antes de Teixeira e Sousa, o primeiro de nossos romancistas, editado em 1843[48]. A literatura colonial inteira seria suprimida dos cursos de letras e dos manuais didáticos. Até cerca de 1900 era nos salões que se *fazia literatura*: chás, bolinhos, veludos e brocados contavam mais que textos. Não havendo livrarias nem indústria do livro, se podia criar uma reputação literária exclusivamente no salão – ou no *boudoir*. Muitos escritores – Antonil, Manuel Antônio de Almeida, Teixeira e Sousa, Franklin

---

[48] *A moreninha*, de Joaquim Manuel de Macedo, tido como o "primeiro romance brasileiro" é do ano seguinte.

Távora *et caterva* – entraram para a nossa história literária com um único livro. (Gilberto Freyre diria que o sujeito, em relação ao seu livro único, virava "marido de professora".) Essa distorção do autor sem texto só foi acabando, por aqui, com o romance "romântico", inaugurado por Macedo. E não foi em livro, mas em jornal.

O olho de McLuhan

Mas o aspecto principal da identidade livro-literatura, o seu calcanhar-de-aquiles, é a submissão do livro ao olho. Diversos pensadores chamaram a atenção para esse fato, mas a ênfase, e talvez a primazia, coube ao norte-americano Marshall McLuhan. Com algumas teses polêmicas, ele abalou para sempre a autoconfiança da civilização ocidental, estruturada pelo alfabeto e a impressão[49].

A primeira tese, e também a mais abrangente, de McLuhan vem a ser: as relações de comunicação (e não as de produção, por exemplo) são a estrutura de sustentação e desenvolvimento de todo o processo histórico.

McLuhan parte da constatação óbvia de que estamos ligados ao mundo pelos sentidos: a visão, o tato, a audição etc. A tecnologia – a roda, o chip eletrônico, a sonda espacial, qualquer invenção ou descoberta – é uma elaboração da nossa sensibilidade. O rádio, por exemplo, é elaboração do sentido da audição. É sempre assim, embora nem sempre a relação entre uma função humana e uma técnica esteja visível, como no caso da mão-martelo. McLuhan vai adiante, no entanto, ao supor que a tecnologia desempenha um papel de estruturadora das sociedades humanas: ela afetaria a psique, o físico e a mente do homem. Em suma, afetaria a sua totalidade. Para se compreender a história seria preciso, pois, traçar primeiro a história da sua base que são as técnicas. É como se a tecnologia fosse um "meio" em que estivéssemos submersos, sem nos dar conta, tal e qual os peixes na água.

---

[49] Sobre as teses de McLuhan, Paulo parece ter seguido, certamente por comodidade didática, a síntese de Carneiro Leão, *Aprendendo a pensar*, pp. 155s.

Uma segunda tese de McLuhan é: a civilização moderna ocidental, a que pertencemos, foi estruturada pelo alfabeto e a impressão. É pois uma civilização do olho.

McLuhan remonta à invenção do alfabeto, na Grécia antiga, para demonstrar que com ele o sentido da visão se sobrepôs aos outros, desenvolvendo-se desproporcionalmente. Pois é certo que uma letra, uma palavra escrita são meras extensões do olho. Na leitura, o que se passa? O olho transmite diretamente ao cérebro um símbolo que este decifra: leu-se. (Acontece às vezes de se ler sem entender. O olho viu mas, como o cérebro estava "desligado", na verdade não se leu.) O que vem a ser olho, para McLuhan? É a visão menos a afetividade. Por exemplo, quando vejo (leio) a palavra "pão", não sinto o pão no seu gosto, na sua textura, no seu cheiro etc. – na sua afetividade. O que meu cérebro faz é ligar a palavra a uma idéia geral e precisa, a um conceito (o conceito de pão). Essa hipertrofia do olho-cérebro, que caracteriza as sociedades do alfabeto e do texto impresso como a nossa, é a responsável por outra hipertrofia: a do pensamento abstrato e racional. Com isso, nos afastamos da vivência global que caracteriza os povos sem alfabeto e sem imprensa. Nosso pensamento se tornou linear, fragmentário, causal e seqüencial, e já não conseguimos admitir que se pense de outra maneira. A decorrência desse triunfo do alfabeto, da imprensa – e em última instância do livro –, é que eles passam a reinar em todo o mundo.

Outra tese de McLuhan: o livro é um "meio quente", ao contrário da literatura oral, que é um "meio frio".

O livro pode ser visto de muitas maneiras. McLuhan o toma como meio de informação. Se eu pegar um livro na estante agora, por exemplo, e abri-lo, encontrarei signos visuais que me informarão de algo. Se o mesmo livro for lido por outras pessoas, milhares de pessoas, funcionará da mesma forma: signos visuais darão informações. Esse é o primeiro fato. O segundo é que se trata de informações dirigidas exclusivamente ao olho-cérebro. Não se ouve, não se cheira nem se degusta um livro. O terceiro fato é que a informação será individual. (É sintomático que nas comunidades ágrafas, o indivíduo que aprende a ler é marginalizado: está se informando sozinho, desenvolvendo uma "inteligência perigosa".) A um meio com essa característica – informação visual em excesso e individual – se convencionou chamar "meio quente". Já a literatura oral, como a saga, por exemplo, ou os contos populares são "meios frios", pois aí a quantidade de informação é pequena (tome-se, por exemplo, uma conversa comum entre duas pessoas), põe em ação vários sentidos ao mesmo tempo e é grupal. Enquanto o "meio quente" isola, o "meio frio" aproxima.

No momento em que seu objetivo era demonstrar o caráter histórico, quer dizer, passageiro e localizado, da associação livro-literatura, Paulo não precisou acompanhar as teses de Marshall McLuhan – de "galáxia de Gutenberg", "de aldeia global", da televisão como "meio frio" e revolucionário, da reversibilidade dos "meios superaquecidos" etc. Contentou-se, por ora, em constatar precisamente aquele caráter histórico: livro e literatura não são historicamente iguais.

Materialidade do conceito de literatura

As maneiras de ver o mundo – a sociedade, a natureza, o sobrenatural – são, fundamentalmente, duas. A primeira vê o mundo como manifestação de um Eu consciente e absoluto (o Ser, o Espírito Universal, a Alma do Mundo, Deus etc.) que encarna nas coisas do mundo buscando a sua plenitude. O conceito de literatura, por exemplo, seria dado pela consciência (ou idéia) de literatura: ela diria o que é e o que não é literatura. As literaturas existentes seriam, nesse caso, manifestações imperfeitas da literatura. Supondo-se que as manifestações imperfeitas busquem a perfeição, e que um dia a atinjam, tornar-se-ão desnecessárias. Haverá tão somente a literatura. Aplicando-se esse modo de ver a outras manifestações do Eu consciente e absoluto (a ciência, a arte, o trabalho, o direito etc.), dia virá em que, atingindo a plenitude (perfeição), estas serão também desnecessárias[50].

---

[50] Ninguém precisa, porém, temer esse momento: a realização plena do Eu consciente e absoluto tardará bilhões de anos. Muito antes disso o nosso Sol se transformará numa anã-branca. Nota minha.

A outra maneira fundamental, oposta a essa, é menos pretensiosa. Vê o mundo como um intrincado de realidades acessíveis aos nossos sentidos humanos. Essas realidades movem-se, alteram-se, desdobram-se não em busca de sua plenitude, mas por efeito de algo contido nelas próprias: as suas contradições. Essa maneira de ver não descarta, na verdade, a primeira (a idealista), mas prefere deixá-la de lado na explicação do mundo. É a maneira de ver que fundamenta as ciências físicas e sociais – e entre estas, ainda que seu estatuto científico seja discutível, está a Poética ou ciência da literatura.

Tome-se o exemplo do fenômeno que primeiro nos ocupa num curso de letras: a literatura. Nós a vemos como realização de necessidades humanas. Que necessidades? De fabulação, de catarse, de transcendência, de dar significado ao absurdo da existência. (Só por hipótese se poderia dizer a que necessidades humanas atendem as artes. As que aponta, Paulo adverte, são um recurso retórico.) Se é assim em geral, devemos ver também a literatura brasileira – desde Gregório de Matos, digamos, até João Ubaldo – como realização de necessidades humanas concretas. Ora, quem diz necessidades humanas concretas diz necessidades sociais, isto é: necessidades contraídas na vida social[51].

Surgem, a essa altura, diversas questões. Eis a primeira: vida social é um termo por demais genérico. Em se tratando de literatura, que parte da vida social tem de fato interesse? (1) O "conteúdo de idéias" da época; (2) a língua.

As idéias, os sentimentos e o estilo socialmente compartilhados de uma época: eis o seu "conteúdo de idéias". As idéias, os sentimentos e os estilos estão – como tudo o mais – em permanente mudança. "Mudam-se os tempos, mudam-se as vontades/ Muda-se o ser, muda-se a confiança;/Todo o mundo é composto de mudança,/Tomando sempre novas qualidades", diz um dos mais belos sonetos de Camões. O notável é que os tempos mudam em bloco, de

---

[51] Pode-se dizer da oposição entre essas duas maneiras fundamentais de ver o mundo que são: a primeira a que institui um sujeito, a segunda a que interpela o sujeito, instituindo, no seu lugar, vários sujeitos.

forma generalizada, *compartilhada*, como se pode comprovar, por exemplo pelos "estilos de época". O estilo (ou escola) naturalista, por exemplo – aquela enxurrada de romances sobre temperamentos desviantes em que afinal se tornou –, foi a expressão literária de um "conteúdo de idéias" naturalista: crença numa *natureza humana* capaz de ser explicada cientificamente. Essa crença estava no ar, digamos assim: era por outra linguagem o que diziam a biologia, a psiquiatria, a filosofia, o direito e, até mesmo, as crenças religiosas. Foi como se um "bando de idéias novas" esvoaçasse sobre o Brasil (a metáfora é de Sílvio Romero), encaixando-se canhestramente numa sociedade patriarcal que sofria, com a liquidação do trabalho escravo, sua primeira grande fissura.

Na atualidade, a língua portuguesa falada no Brasil se diferencia exclusivamente por níveis de linguagem. Temos uma língua nacional. Ora, quem diz língua nacional está dizendo língua imposta à população que vive no território nacional, sob a hegemonia de uma classe e de uma maneira particular de usar a língua. Esse é, portanto, o primeiro aspecto social da língua.

As faculdades de letras na época da reprodutibilidade da obra literária [52]

As definições, os conceitos, as categorias e as leis de que nos servimos para apreender a realidade – por exemplo, o conceito de literatura, que se tornou para Paulo uma obsessão – têm, eles também, a sua materialidade. Como explicar, por exemplo, que no século XIX se definisse a literatura como "o sorriso da sociedade"? Seria preciso perguntar: (1) Quem definia?; (2) Por que definia? Da mesma sorte, a definição que estrutura, na atualidade, as faculdades de letras das universidades brasileiras. Quem são os responsáveis pela definição em uso? A que necessidades sociais atende a definição?

No entanto, a vigência de um "conteúdo de idéias" que enforma

---

[52] É evidente a referência ao célebre ensaio de Benjamin, W. *A obra de arte na época de sua reprodutibilidade técnica*.

e informa uma dada época não quer dizer que todas as obras literárias se submetam a ela. Muito ao contrário: as "melhores" obras literárias são aquelas que põem em xeque, pela ambigüidade, pela ironia, pelo estilo, pelo *modo de formar* original (ver adiante), o "conteúdo de idéias" vigente – sirvam de exemplo a obra do velho Machado de Assis, *O Ateneu*, de Raul Pompéia, talvez *Casa de pensão*, de Aloísio Azevedo e, seguramente, *Bom crioulo*, de Adolfo Caminha[53].

O outro nível de materialidade da literatura é a língua. Língua, ou idioma, numa definição sumária, nada mais é que o sistema de símbolos vocais arbitrários que um grupo social utiliza para se comunicar. Símbolos, arbitrariedade, grupo social, comunicar, segundo Paulo, nenhum desses fatos pertence à natureza, mas à cultura. Natureza é aquilo que o homem já encontra no mundo, aquilo que ele não pode perceber com seus sentidos e incorporar, nomeando através da linguagem. Isto é: quase nada. Cultura é aquilo que o homem faz nascer com a sua presença, aquilo a que a sua presença dá sentido e que ele significa através da arte (pintura, dança, escultura, literatura), da ciência, da filosofia e da religião. Isto é: quase tudo. A arte, a ciência, a filosofia e a religião são, portanto, linguagens: atribuição de sentidos e significados ao que por si não tem uma coisa nem outra, através de sinais (a língua, por exemplo, é um sistema de sinais vocais). A língua são sistemas fechados: cada povo, ou grupo de povos, tem a sua. O dinamarquês, por exemplo, é um idioma só falado pelos dinamarqueses; o português, por vários povos. No seu interior há maneiras distintas de usá-la. Há, por exemplo, uma maneira culta – das pessoas muito instruídas; uma maneira familiar – das pessoas medianamente instruídas; e uma maneira popular – das pessoas sem instrução formal. A língua é a mesma, mas, como se vê, não homogênea. Todas essas maneiras ou níveis de linguagem (a culta, a familiar e a popular) se materializam em signos (isto é: em significantes e significados).

A definição de literatura em curso nas faculdades de letras é dada

---

[53] Sobre "conteúdo de idéias", Paulo remete a Goldmann, Lucien. *Sociologia do romance* e *Marxismes et sciences humaines.*

pelas instituições literárias: editoras, jornais de letras, cadernos literários, academias de letras, faculdades de letras, concursos e prêmios literários. São elas os "canais competentes"[54] por onde circulam as idéias hegemônicas, socialmente dominantes, no campo da literatura – como, por exemplo, a idéia da superioridade da literatura culta sobre as outras modalidades (a de entretenimento, a oral, a popular etc.). Tomemos o caso de uma instituição literária de prestígio, a Academia Brasileira de Letras, fundada em 1896[55]. Seu objetivo estatutário era se dedicar à "cultura da língua e da literatura nacional". Língua e literatura apareciam, pois, como objetivos casados, a sorte de uma dependendo da outra. A língua nacional seria o espaço em que se realizaria a literatura nacional, devendo pois os acadêmicos zelar, como literatos que eram, para superar as contradições internas no uso da língua através da sua realização literária – as contradições no interior da língua, está visto, apareciam como desvios da norma correta. Para simbolizar esse zelo, os "imortais" usariam fardão e espada em ocasiões solenes. Sua pretensão tácita era exercer o monopólio da definição de literatura, instituir-se em sujeito da definição.

Com essas considerações Paulo Sarmento Guerra visava a demonstrar que não há definição acima de suspeita. Tudo o que se pretende universal, com a análise, acaba por se descobrir como de classe ou de contexto cultural. Um estudante apressado poderia concluir, a essa altura: a literatura culta e livresca, assentando num lugar social preciso, tem o mesmo valor que qualquer outra. Seria ingênuo. A civilização a que pertencemos é livresca: a Bíblia, o *Discurso do método* de 1637, de Descartes, o *Manifesto comunista* de 1848, de Marx e Engels, *A origem das espécies* de 1859, de Charles Darwin, *A interpretação dos sonhos* de 1900, de Sigmund Freud, *Ulisses* de 1922,

---

[54] "Canais competentes são todas aquelas instâncias às quais cumpre referendar a *literariedade*. Às quais compete, por uma espécie de acordo entre cavalheiros, estabelecer (mesmo que pela crítica demolidora) o valor ou a natureza artística e literária de uma obra cconsiderada literária por seu autor ou eventuais leitores". Lajolo, Marisa. *O que é literatura?* São Paulo, Brasiliense, 1972. p. 17. Nota minha.
[55] A primeira diretoria da ABL foi constituída por Machado de Assis, Joaquim Nabuco, Rodrigo Otávio, Silva Ramos e Inglês de Sousa. Nota de Paulo.

de James Joyce – obras capitais de nossa civilização –, são livros e, ainda que só o último tenha sido escrito com intenção estética, têm literatura. Nossa civilização é uma "galáxia de Gutenberg": a imprensa inventada em 1444 gerou um sistema de objetos e valores dependentes dela. Mesmo a morte do livro, tantas vezes decretada nos últimos quinhentos anos, o foi em livro.

Mas eis, para ele, o fato principal: a definição de literatura pode e deve pôr em questão a si própria. Começaria admitindo que é uma definição *desde um lugar social determinado* – a não ser que sejamos idealistas empedernidos, para quem as definições partem do Ser Consciente sempre Igual a Si Mesmo. Admitiria, em seguida, que a definição dada entra em circulação social (é imposta ao conjunto da sociedade) por *canais competentes*, as Instituições Literárias.

Mas – perguntaria um estudante curioso – de que serve admitir que a nossa definição (a que organiza o ensino nas faculdades de letras) não é absoluta? É impossível dizer de antemão o que se ganha com a análise de si mesmo, das suas motivações e dos seus interesses materiais, mas foi assim que a civilização ocidental se desenvolveu até hoje: interpelando os seus próprios fundamentos. O melhor da cultura moderna ocidental – tanto na sua vertente anglo-saxônica quanto na ibérica – tem sido a capacidade de se autocriticar, exibindo os seus próprios limites. A literatura sobretudo: Montaigne, Cervantes, Shakespeare, Thomas More e mais tarde Rousseau, Stendhal, Balzac, Dostoiévski, Faulkner, Guimarães Rosa... Talvez nenhuma atividade humana tenha a "força de escape" da literatura[56].

O animal que joga

O que transformou o hominídeo em homem, cerca de 200 mil anos atrás, era para o meu amigo um tema fascinante. A postura ereta, o trabalho, a fala, o sexo pela frente, o enterramento dos mortos? As respostas são probabilísticas, mas não achava difícil saber o que nos

---

[56] Força de escape, em astrofísica, é a velocidade de aceleração necessária aos foguetes para escaparem à gravitação da Terra (ou da Lua, ou de Júpiter etc.). Nota minha.

singulariza como espécie. O homem é o único animal que joga. Uma criança ganha existência ao separar-se da mãe, sente-se como criatura distinta somente quando encara a progenitora como outro. A mãe se afasta (para o serviço da casa, por exemplo) e volta, se afasta e volta. Essas idas e vindas é que lhe dão a sensação de que ao mesmo tempo é um (com a mãe) e outro (sem a mãe). É o jogo primordial, mas já manifesta a essência do jogo: ter e não ter, satisfazer-se e frustrar-se, ganhar e perder. Não sabemos, de forma peremptória, como o macaco peludo que nos antecedeu se transformou no macaco desnudo que somos, mas é assim que funcionamos: pelo jogo[57].

O dispositivo do jogo, localizado na mente[58] de cada ser humano (que se fez humano exatamente por tê-lo), é que explica ser a arte universal. É a arte *como necessidade*[59]. A fruição artística – do quadro, da música, do conto, da escultura etc. – ocorre quando se aciona o dispositivo do jogo: a ida e vinda da mãe provoca em nós um gozo irrepetível e, por isso, procurado incansavelmente. Gozaremos sempre, do nascimento à morte, o ter e não ter, o lembrar-se ou esquecer-se, o satisfazer-se e frustrar-se, o ganhar e perder. Pode-se argumentar que o dispositivo do jogo não explica somente a universalidade e necessidade da arte, explica também o triunfo da publicidade no mundo atual. O favelado que não passa sem o desfile de casas espetaculares em que se transformou a novela das oito não é um Idiota, mas um Jogador[60]. Essa *teenager* que não sai do shopping na verdade rendeu-se ao jogo essencial: é a mais humana dos humanos.

Muito bem. Mas a publicidade – argumentaria um aluno curioso – se tornou tão decisiva em nossas vidas justamente por acionar o mecanismo do jogo. É o que a tornou irresistível. Ela não é irresistível porque nos induz a comprar mais – Omo, Fiat, Bom-Brill, Banco

---

[57] É alusão a um célebre livro de sociobiologia de Desmond Morris de 1967, em português *O macaco nu*. Como introdução ao problema da passagem ao *homo sapiens sapiens*, especialmente no seu aspecto biológico, Paulo recomendava a seus alunos a leitura de Bernard Rensch, *Homo Sapiens, de animal a semidiós* e o álbum de Leakey e Lewin, *Origens*, pioneiros nas escavações da África oriental. Ambos se leriam com agrado, segundo ele.
[58] Aqui, evidentemente no sentido de inconsciente ou espírito.
[59] Referência ao célebre livro de Ernst Fisher, *A necessidade da arte*, 1962. Nota minha.
[60] Referências a dois romances de Dostoiévsky, respectivamente de 1859 e 1868. Nota minha.

O Livro de Paulo

Itaú, Company etc. etc. – uma vez que se todos anunciam o seu produto como o melhor, o consumidor deduzirá que todos se equivalem (e tanto faz comprar um como outro), é o grau zero do anúncio. A publicidade é irresistível porque consegue a nossa adesão (através do dispositivo do jogo: ter/não ter, satisfação/frustração) ao sistema fundado na compra-e-venda de mercadorias. A publicidade aparece, pois, como a bruxaria suprema. Já não há necessidade da literatura, a publicidade a conduziu à sua plenitude. Substituiu-a.

CONCLUSÃO

Essa "Introdução", que compactei a cerca da metade, anunciava um livro que Paulo Sarmento Guerra nunca escreveu. Fica evidente, desde logo, que a sua pergunta principal era: o que vem a ser literatura? Sentia-se na mesma situação de Santo Agostinho diante do Tempo: sei o que é, mas quando me perguntam já não sei. No entanto, refletir sobre ela era o seu ofício de Sísifo.

O que fez naquela apostila foi problematizar a pergunta, mostrar que a resposta (qualquer resposta, ou definição) parte de um lugar social. Está visto que o lugar social, de onde arrancam todas as definições, é algo complexo – não se limita à posição de classe e de cultura. As coordenadas sociais que estabelecem o lugar de onde se faz, ou se define, literatura, ele sabia, são objeto da sociologia da literatura, disciplina vasta e especializada.

Paulo chamava a atenção para a parcialidade da definição de literatura com que trabalham as faculdades de letras. Não obstante literatura provir de *littera*, os atributos do que já se chamou belas-letras estão por toda parte: na saga, no texto burocrático, no científico, no cordel, na história em quadrinhos, na telenovela, no romance sentimental vendido nas bancas, na canção popular etc. (a literatura de massa ou de entretenimento seria, aliás, uma divisão do curso que se preparava para dar naquele ano). "A negação", advertiu Heidegger em algum lugar, "não suprime a coisa negada, mas o negador."

Meu amigo chamava a atenção, também, para a materialidade da literatura, entendida como "utilização com fins estéticos da língua comum" – o conteúdo de idéias e a língua, socialmente compartilhados e, portanto, materiais. A própria idéia de literatura, compartilhada pelas pessoas letradas e posta em circulação pelas instituições literárias (entre elas as faculdades de letras), teria uma base social que se precisa considerar.

Admitia, com McLuhan e outros, que estava acabando o tempo em que literatura se fazia exclusivamente por meio do livro. A televisão seria, por exemplo, um "meio frio", semelhante à saga: transmite-nos uma experiência existencial total, em vez da escrita, que se limita ao olho-cérebro. Já o "dispositivo do jogo", que estaria na base da nossa humanização, conferindo à arte (e à literatura) o seu caráter universal e necessário – via como uma hipótese a ser rastreada desde Freud até, por exemplo, Baudrillard – tarefa fascinante que o levaria longe. Não somos obrigados a concordar, advertia, com qualquer hipótese, até que seja demonstrada e mesmo assim provisoriamente. Estudar é apenas substituir uma pergunta por outra. Ou no dizer de Kafka: ler é fazer perguntas.

Parecia assustador que literatura e publicidade tivessem um fundo comum. Nessa hipótese, literatura não passaria de uma forma de gozar – um estranho gozo que se balança entre o ter e o não ter. Gozar com palavras, escritas ou ditas, por um narrador ausente ou um *outro* presente, é a peculiaridade da literatura. Há literatura (outra maneira de dizer) quando usamos as palavras para *estranhar* o mundo: aproximá-lo e afastá-lo de nós, ganhá-lo quando supomos que o perdemos e perdê-lo quando supomos que o ganhamos. (E a literatura de vanguarda? Para Paulo era a que se nega a repetir esse jogo[61]: o comum dos mortais joga, a vanguarda provoca.)

Paulo, a certa altura, deixara de tratar Paulo Coelho como subliteratura, paraliteratura etc., cujo sucesso se deveria à ignorância ou à alienação geral. Entendeu que era um caso típico de literatura de massa, cujo êxito se devia à utilização correta, não de todo isenta de talento literário, de suas normas e regras. Foi preciso compreender (para chegar a esse ponto) o que se quer dizer com literatura culta (a

---

[61] Naturalmente, literatura de vanguarda não é só isso. Paulo Sarmento voltou ao assunto diversas vezes, nesse e em outros textos.

literatura propriamente dita) e literatura de massa, cujo antecedente histórico é a literatura popular, a oral e a impressa.

Passou a tratar o autor de *As valkírias* como fenômeno de comunicação, *deflagrador de uma dupla crise na literatura culta*: (1) no conceito canônico de literatura; e (2) na sua principal base material, o ensino de literatura nas faculdades de letras. A primeira era um capítulo (ou uma metáfora) da crise da razão iluminista defrontada com o arcaico mercadologicamente bem-sucedido (a literatura ocultista de massa); a segunda, a responsável pelo distanciamento entre aluno e professor característica atual dos cursos de letras. As faculdades de letras (e Paulo não pensava somente na sua) vinham fracassando no seu objetivo de formar leitores críticos (*sic*) de literatura, em nível superior e mesmo do magistério secundário.

Se Virgínia não tivesse se "apaixonado" por Paulo Coelho, Paulo Sarmento Guerra não teria se ocupado dele. O ciumento é que tentou ligar as duas pontas do fio: o gosto de sua mulher e o de seus alunos. Havia, na verdade, uma terceira ponta solta e incômoda: o êxito internacional de Coelho (em 1997 estava traduzido em mais de 50 línguas e vendera perto de 12 milhões de livros). A quantidade de autores de que lançou mão para explicar isso dá por vezes a impressão de boa cera gasta com defunto ruim – Adorno, Horkheimer, Octavio Paz, Theodore Roszak, Prigogini, Marcel Spada...

Peguemos essa terceira ponta – o êxito internacional de Coelho. Antes de atá-la às outras, meu triste amigo estabeleceu duas ou três coisas. Uma subjetiva: os europeus lêem muito mais do que nós, mas não "melhor" (já sem falar que as traduções melhoravam o nosso Paulo Coelho, corrigiam-lhe certos lugares-comuns, sem contudo apagar o empoado que o gênero exige). O numeroso público leitor, que nos dá inveja nos metrôs, nos parques, nas bibliotecas, o que consome é literatura de massa, não a de proposta – foi, aliás, o que Paulo percebeu, chocado, aquela manhã de 1995, em Lyon, ao iniciar seu curso erudito sobre a idéia de França no Brasil. A outra, mais meditada, foi a de que o aludido sucesso (uma vez que Paulo Coelho pertence ao gênero ocultista *light*) revela, simultaneamente, adesão a sentidos de modernidade (*confiança* em *sistemas abstratos* nos termos de Giddens, por exemplo) e sentidos de arcaicidade (onipresença do sagrado, contracultura etc.) ainda existentes na Europa. Paulo se sentiu satisfeito – imagino-o na rede, bicando o seu capilé – com esta conclusão: o triunfo esotérico se deve (1) à confiabilidade moderna; (2) à extensão ilimitada da contemporaneidade; e (3) ao caráter mistificatório das tecnologias e conceitos científicos atuais – ao ethos contemporâneo em suma.

Quanto à adesão dos seus alunos à literatura de Coelho (a segunda ponta) me pergunto se Paulo detectava aí algo de "razoável" e/ou progressista. É provável que ele a visse como uma *modernização pelo arcaico*, sem esquecer (como já disse) que Coelho apresentava algum talento literário: o autor de *As valkírias*, afinal, sabia contar uma história. Muitos dos seus erros de português desculpavam-se, eram do tempo.

Restava por explicar o gosto de Virgínia por aquela literatura inconsistente, mas envolvente. Não se tratava – Paulo percebeu – de gosto literário, equivalente ao seu, por um Saramago, um Alejo Carpentier, ou mesmo, alguns furos abaixo, um Ernest Hemingway. Estaria mais próximo do nosso gosto (meu e de Paulo) por Somerset Maugham, no fim dos anos 50. Mas mesmo de Maugham Virgínia não gostaria, era mundano demais, "materialista" demais.

Aqui termina o livro de Paulo. Com tais idéias e sentimentos, estava ele em condições de compreender Virgínia, ou antes, as idéias e sentimentos de Virgínia? Ela, a seu turno, não valorizava as elocubrações de Paulo, mas também não as condenava, o que seria ao menos lisonjeiro para ele; simplesmente não lhes atribuía qualquer valor. Nos dias de enamoramento, poucos mas intensos, liam-se poemas inebriados na rede (então pareciam, de verdade, Paul et Virginie dans l'Île de France). Imagino que ela gostasse em especial daquele poema de Pessoa, "Liberdade", e o lesse para o marido, entrecerrando os olhos e firmando a voz na quarta estrofe:

Livros são papéis pintados com tinta.
Estudar é uma coisa em que está indistinta
A distinção entre nada e coisa nenhuma.

O LIVRO DE VIRGÍNIA

Mais Virginie n'approuvait point mon latin; elle disait que ce que je avais mis au pied de sa girouette était trop long et trop savant: "j'eusse mieux aimée, ajoutait-elle, TOUJOURS AGITÉE MAIS CONSTANTE."

Bernardin de Saint-Pierre, *Paul et Virginie*[1]

---

[1] "Virgínia, contudo não aprovava meu latim; ela dizia que o que eu tinha posto debaixo do seu cata-vento era muito comprido e intelectual. Eu preferia, ajuntava ela, SEMPRE AGITADA MAS CONSTANTE." Bernardin de Saint-Pierre, *Paulo e Virgínia*.

CAPITU DO ITAIM

Capitu, a personagem de Machado, suscita nos leitores uma questão: ela *sempre foi* assim ou *ficou* assim ao casar com Bentinho? É uma armadilha a que Machado induz os leitores, pois a questão só existe no delírio do senhor autoritário[2]. O silêncio de Capitu desautoriza, des-realiza, no fundo, questões como essa (a começar pela "traiu-não-traiu" que compraz o leitor iniciante).

A voz de Virgínia, essa Capitu do Itaim Bibi, foi ao menos preservada nos seus escritos e nas lembranças de amigos. O que ela dizia, para começar, sobre o início da sua longa trajetória contracultural, que desaguou em Paulo Coelho?

Aos dezessete anos, a família de Virgínia a enviou para um "intercâmbio" nos Estados Unidos, na pequena cidade de Winston-Salem, Carolina do Norte. É provável que andassem preocupados com suas companhias. Ao voltar, exprimia-se perfeitamente em inglês, fumava maconha e falava de um "conjunto revolucionário" de quatro rapazes de Liverpool[3]. De 1965 a 69 ensinou inglês em cursinhos pré-vestibular, retirando-se quando atingiram o seu *boom*. Naquele tempo é que se tornou amiga de Iara Iavelberg, a trágica paixão de Carlos Lamarca[4]. Entendiam-se nos programas digamos

---

[2] Helen Caldwell, a quem as acusações de Bentinho a Capitu pareceram infundadas e ditadas pelo ciúme, publicou o seu The Brazilian Othello of Machado de Assis em 1960: "Punha a descoberto o artifício construtivo da obra, a idéia insidiosa de emprestar a Otelo o papel e a credibilidade do narrador, deixando-o contar a história do justo castigo de Desdêmona. No básico, a charada literária que Machado armara, estava decifrada." Apud Schwarz, Roberto. Duas Meninas, p. 11.
[3] Sua mãe mencionava, entretanto, um começo mais antigo. Na infância, perturbara um fim de semana familiar em Guarujá, desaparecendo horas com um salva-vidas, ou pescador, negro.
[4] Ver, entre outros, Patarra, Judith. *Iara, reportagem biográfica*.

mundanos, ambas excepcionalmente bonitas e "livres" (o que se entendia por isso na época), mas Virgínia era individualista, compreendia os rudimentos do interesse político, mas não o seu sentimento. Passeatas davam-lhe tédio. Tinha, além disso, a inclinação americana, enquanto a outra, que ensinava filosofia, pendia para a França: Sallinger *versus* Althusser, Woodstock *versus* Sierra Maestra. Virgínia não tinha o vírus da leitura, tanto que se lembrava com nitidez dos seus livros de cabeceira. De menina, citava sempre a impressão forte que lhe causaram *O escravo*, de Hall Caine (no juízo do marido, medíocre "romance de entretenimento" produzido às dúzias pela casa Novels de Londres), e *Éramos seis*, da sra. Leandro Dupré. De adolescente, *A voz do silêncio*, de Blavatski (de que se tornaria segunda tradutora no futuro), e *O despertar dos mágicos*, dos notórios Louis Pawels e Jacques Bergier. Lera este último duas vezes seguidas, sem falar de minirreleituras. Era a isso que Paulo chamava, sem acrimônia, "gosto estragado". O mais seriam leituras "profissionais", como os de cientologia, por exemplo. Mas não se podia encontrar nenhum deles em sua estante (salvo o *Éramos seis*, com dedicatória do padrinho). Virgínia tinha hábito rigoroso de presentear os livros que lia imediatamente.

Veio porém Paulo Coelho (na seqüência de Zé Mauro de Vasconcelos) e o marido só pôde concluir que, enfim, ela achara um estuário para sua neurose[5]. Uma ou outra ocasião em que Paulo tentou mostrar-lhe que Coelho desempenhava a mesma função que Bill Gates – criar um capitalismo sem fricção –, pareceu-lhe esforço tão grande que desistiu. Em alguma parte do espírito de Virgínia estava solidamente assente a velha lição: o sagrado institui o ser.

No início, Paulo recusou-se a admitir Paulo Coelho como literato. Chegou mesmo a odiá-lo. Ódio, verdadeiramente? Ele "odiava" Xuxa, Airton Senna, Sarney... – vulgaridades premiadas em que se encarnavam a dominação e o opróbrio. Seria por ser tão lido? Pre-

---

[5] "Jung interessou-se pelos estudos do prof. Suzuki (Daisetz Teitaro Suzuki) e esta aceitação, com perfeita serenidade, do não-senso do mundo, resolvendo-o numa contemplação do divino, pode parecer o caminho para uma sublimação da neurose de nosso tempo". Eco, Umberto. *Obra aberta*, p. 215.

senciara outros casos de sucesso literário desproporcionado, Saint-Exupéry, Morris West, José Mauro de Vasconcelos, num certo sentido Jorge Amado. Compreendia que aquele "ódio" era pura transferência. "Odiava-os" porque Virgínia os amava. Em seguida (quando voltou do giro Lyon-Bolonha-Paris) começou a sentir que podia compreender sem raiva o fenômeno Paulo Coelho. Leu todos os livros que Virgínia tinha comprado. Teve a impressão de que a repulsa dos intelectuais por Paulo Coelho se fizera possível pela falta de crítica literária em jornal. Paulo, ele próprio, o teria demolido, apontando, por exemplo, a desmedida semelhança de *O alquimista*, com a velha história do sonhador que foi incomodar o Califa a propósito de um sonho em que esse lhe ia revelar um segredo, mas acordava antes, e assim noites e noites, depois de repreendê-lo, o Califa disse: não seja tolo de acreditar em sonhos, eu mesmo sonho há anos que em Fez, numa rua calma, nos fundos de uma casucha amarela, há um tesouro enterrado – pois era justo a casa do sonhador. Paulo foi muitas vezes ingênuo e onipotente[6].

A coisa

Há no seu caderno – "Em torno a Paulo Coelho: idéias e intuições" – uma descrição da *goétea* por Alexandrian[7]. Encontrara uma primeira classificação para o autor de *Diário de um mago*, um *goéta*. Logo Paulo desprezaria essas classificações, fixando-se no significado *sociológico* contemporâneo do autor de *Monte cinco*, mas esta foi uma das suas portas de entrada. É quando menos curioso acompanhá-lo nesse caminho:

> *A primeira tentativa sistemática para forçar os habitantes do invisível a sair da sua invisibilidade foi a goétea (do grego goé, uivo, por causa dos gritos do invocador), operação que consiste em fazer apa-*

---
[6] Nessa ocasião é que Paulo escreveu para seus alunos a segunda súmula: "Literatura: literaturas", janeiro de 1996.
[7] Alexandrian, 1983.

recer os demônios. Esta obra de trevas obcecou a Idade Média e o Renascimento, e o fato de se ser suspeito de praticá-la implicava a prisão. Nunca era de bom humor e com boa intenção que se praticava a goétea, último recurso dos desesperados que se votavam ao Diabo por lhes faltar tudo, ou dos ambiciosos ávidos que se impacientavam com a lentidão dos acontecimentos.

A goétea era uma atividade de mágicos, e não de feiticeiros como Tiago de Autun sublinhou: 'Os mágicos pretendem ter uma profissão incomparavelmente mais nobre do que os feiticeiros, pois vangloriam-se de ter um domínio absoluto sobre os demônios, de os comandar como mestres aos seus vassalos'. Mas eu acrescento que só os mágicos menores se ocuparam dela, pois os grandes filósofos nunca foram goétas, pela simples razão de que não acreditavam no Diabo, ou, pelo menos, não daquela maneira. Eram, aliás, acusados de impiedade. A Faculdade de Teologia de Paris, em setembro de 1398, enumerou vinte e oito erros ou 'superstições' a serem punidas, e incluiu nelas o fato de negar a feitiçaria: não acreditar na esconjuração era considerado uma heresia. Um predicante da diocese de Évreux, Guilherme Edelin, que afirmava nos seus sermões que os feiticeiros não tinham qualquer poder, foi preso, torturado até que admitiu que o Diabo lhe tinha inspirado esta opinião, e condenado, em 1453, à prisão perpétua. No Ocidente cristão, acreditava-se no Diabo. Necessitava-se dele para governar, amedrontar o povo ou encontrar justificação para o mal. Era um mito tão político como religioso. Cornelius Agripa, Paracelso, Jerônimo Cardan e outros esoteristas afirmavam que os feiticeiros não mereciam ser condenados à morte, e que a magia não provinha do Diabo, mas do Telesmo (ou Alma do Mundo, segundo Timeu de Locres), foram, por isso, insultados pelos representantes da Lei.

[...] A cerimônia devia ser efetuada de noite, num lugar sinistro e deserto, cemitério, casa em ruínas, local onde se tivesse cometido um homicídio etc. O operador, usando uma túnica negra sem costuras e sem mangas, uma carapuça de chumbo constelada com os sinais da Lua, de Vênus e de Saturno, levava na mão uma vareta de aveleira, cortada numa quarta-feira entre as onze horas e a meia-

noite, que tinha sido consagrada através de ritos, sobre a qual estavam escritas, na extremidade mais fina, as letras do nome de Iavhé *em hebreu (isto é, o tetagrammaton), e, na extremidade mais grossa,* Agla, *acrescida das palavras* Aieth Gadol Leolam Adonai *(Adonai será grande na Eternidade). Com um carvão benzido, traçava no solo uma circunferência, na maior parte das vezes duplicada ou triplicada por uma ou duas concêntricas, e marcava em cruz os diâmetros, de modo a indicar os quatro pontos cardeais: era o 'círculo mágico', no centro do qual ele estaria protegido dos espíritos que ia fazer aparecer. Se o franqueasse, ficaria à mercê deles. Mas se tocasse um demônio com a sua vareta, este seria obrigado a entrar no círculo, a obedecer-lhe, e não poderia readquirir a liberdade sem que ele lho permitisse.*

O operador utilizava vários engodos para atrair os demônios. Primeiro, escrevia as suas 'assinaturas' em volta do círculo, sobre o contorno, quer dizer, hierogramas (letras sagradas), ou pentágonos estrelados (figuras geométricas), representando os seus nomes. Fazia também 'fumigações fétidas de Saturno' – pois eles gostavam de odores mefíticos –, com escamônea, alúmen, enxofre ou ossa fétida. Como são também aliciados pelo sangue, sacrificava um animal que lhe pertencesse, cão, gato ou galo, que deixava sangrar num vaso de cobre até o encher. Por vezes, o mágico cobria, previamente, a sua pele com um linimento que lhe facilitava a visão das coisas espirituais, composto de acônico, beladona, aipo silvestre, folhas de álamo, erva-moita etc. Nynauld, quando descreveu os ungüentos mágicos que provocavam 'o rapto da alma para fora do corpo', cita 'o sinoquitida, *que faz ver as sombras do inferno, quer dizer, os maus espíritos, como, ao contrário, o* anadiquitida *faz aparecer imagens dos santos anjos'*[8]. *Diz como os usavam os mágicos e os feiticeiros: 'Untavam todas as partes do corpo, após as ter esfregado até à vermelhidão.'*[9] *Por fim, o operador pronunciava em voz alta a*

---

[8] I. de Nynauld, doutor em medicina, *De la Lycanthropie, transformation et extase de sorciers*. Paris: Nicolas Rousset, 1605. Citado por Alexandrian.
[9] Ibid. Citado por Alexandrian.

invocação, segundo uma fórmula que lia num engrimanço. Na maior parte das vezes, a sessão não produzia qualquer resultado, e o mágico, persuadido de ter cometido um erro, estava pronto para recomeçar uma outra noite; mas, por vezes, determinados incidentes levavam-no a acreditar ter atingido o seu objetivo.

Quando o mágico admitia companheiros no seu círculo, estes deviam ficar calados em qualquer circunstância, e só ele agia e falava. Sendo o objetivo da operação realizar um pacto, era necessário redigi-lo antecipadamente num pergaminho virgem (um pacto em papel não tinha qualquer efeito), e assiná-lo com sangue retirado do anelar da mão esquerda (porque se pensava que deste dedo partia um nervo que ia diretamente ao coração, razão por que era aí que se colocavam os anéis). Este pergaminho ficava 'ligado a um fio de três cordões, fiado pelas mãos de uma rapariga'[10]. *Eliphas Lévi menciona um ritual que prescrevia ter 'quatro pregos retirados do caixão de um supliciado; a cabeça de um gato preto, alimentado a carne humana durante cinco dias; um morcego mergulhado no seu sangue; os cornos de um bode* cum quo puella concubuerit, *e o crânio de um parricida'; mas admite que estes objetos horríveis eram 'bastante difíceis de conseguir'*[11].

Nada disto é literatura: os culpados de tais atos foram queimados vivos, e os seus juízes nem por um instante puseram em dúvida os poderes mágicos adquiridos por este meio. Os magistrados mais 'esclarecidos' eram simplesmente os que estimavam, com Tiago de Autun, que o Diabo aparecia por sua própria iniciativa, e não por ordem: 'Todas as cerimônias dos mágicos, os seus círculos e palavras, não são capazes de obrigar o demônio a aparecer, se ele não o desejar, quando é invocado... Se aparece rapidamente quando o invocam, é voluntariamente e sem compulsão, e por apreensão de os perder.'[12] *Mas a literatura continua responsável pelas idéias falsas sobre a goétea, que associa com demasiada freqüência à feitiçaria*

---

[10] D'Autun, Jacques, citado por Alexandrian.
[11] Lévi, Eliphas, *Dogme et rituel de Haute Magie,* citado por Alexandrian.
[12] D'Autun, *op.cit.* Citado por Alexandrian.

dos campos, quando, na realidade, é um assunto de especialistas conhecedores de latim. Talvez alguns camponeses se tenham misturado na questão, no século XVI, por espírito de imitação, e para ganhar importância junto dos seus congêneres; mas enquanto feiticeiros ou servidores do Diabo, reconhecem-lhes outros meios de ligação a ele. Os inquisidores distinguiam oito espécies de pactuações tácitas e três espécies de pactuações expressas com os demônios: escrever sinais bizarros ou recitar uma fórmula de engrimanço, por exemplo, era um pacto tácito, fazer uma cerimônia de invocação, um pacto expresso.

[...] A goétea passou de tal modo a fazer parte dos hábitos que Henrique III se lhe dedicou um dos seus favoritos, suspeitando-se que requeria os serviços de um demônio chamado Terragão. Alguns panfletos descreveram as suas operações diabólicas no Louvre e nos bosques de Vincennes, e todos estes rumores incitaram um fanático religioso, Tiago Clemente, a assassiná-lo. Quando Widman publicou em Francoforte, em 1587, a história de Fausto, e o historiógrafo de Henrique IV, Palma Cayet, a traduziu, em 1598, em Paris, os episódios fantásticos foram considerados verdadeiros. Fausto, simultaneamente doutor em teologia e boticário (amálgama indicando que se atribuía a goétea aos padres devotos e aos médicos charlatães), é apresentado traçando três círculos concêntricos numa encruzilhada da floresta de Mangeal, perto de Wittemberg, e fazendo três esconjurações. No momento em que as árvores se curvam até ao solo, os monstros uivantes rodeiam-no, após o que chegam 'seis globos de fogo com chamas, que se colocam de maneira a formar cada um a figura de um homem todo em fogo, que ia e vinha em volta do círculo durante um quarto de hora'[13]. Alguns amadores levaram a sério as Conjurationes Fausti, e provavelmente experimentaram-nas, antes de Adelung, no fim do século XVIII, as reproduzir na sua história da loucura humana.

Os engrimanços que explicam as regras da goétas foram todos

---

[13] Histoire prodigieuse et lamentable de Jean Fauste, magicien, traduzida por Palma Cayet. Paris, 1598. Citado por Alexandrian.

anônimos ou apócrifos. O mais antigo é La Clavicule de Salomon, *que não é o rei Salomão, e cuja colaboração poderia ser bizantina (existia uma versão grega no reinado de Manuel Comênio); circulou a partir do século XII em cópias latinas manuscritas, e a sua primeira edição impressa, em 1515, é pretensamente traduzida do hebreu para o latim, mas o original nunca foi divulgado.*

[...] Um outro preconceito identifica os goétas com os adoradores do Diabo. Mas, pelo contrário, ostentam sentimentos piedosos e ordenam aos demônios que lhes obedeçam em nome de Deus, de Cristo, da Santa Virgem e dos anjos.

[...] Até ao presente, os que prospectavam o invisível esperavam o que iam encontrar. Chamavam a si anjos ou demônios, de quem imaginavam o aspecto de acordo com a iconografia cristã. A inovação de Martines Pasqually foi afirmar que não se sabia antecipadamente que ser apareceria no momento da evocação: o que surgisse seria a Coisa, *uma 'forma gloriosa' que emanava do mundo celeste e do mundo sobreceleste, podendo ser um som ou um hieróglifo luminoso. A sua outra originalidade foi dirigir operações totalmente planificadas. A goétea tinha um fim humilhantemente utilitário: fazer fortuna, prejudicar os adversários. A teurgia pedia aos anjos graças, profecias e explicações da vida eterna. Pelo contrário, os Eleitos Coênios consideravam as aparições como sinais de reconciliação; não desejavam outra coisa que não fosse vê-las, essa possibilidade de entrar em contato com entidades invisíveis que lhes provavam que eles eram dignos de ser reintegrados no Éden*[14].

Por um tempo, Paulo faria, com efeito, o detetive, rastreando o pensamento de Coelho. Chegou, por exemplo, a Aleister Crowley, que viveu no começo do século XX, talvez o mais polêmico dos gurus ocultistas, na linha de Blavatsky, só que mais agressivo – a *vontade* foi sua pedra de toque. Concebia a magia menos como ciência do que arte. Supõe-se que influenciou Fernando Pessoa e sua técnica

---

[14] Alexandrian. *História da filosofia oculta*, p. 161.

O Livro de Virgínia 99

de heterônimos[15]. Uma derivação da sua pregação foi a Sociedade Mágica IOT (Iluminate of Thanateros), a que se ligaram, no começo de suas carreiras, Raul Seixas e Paulo Coelho[16]. Na música "Sociedade alternativa", eles enfiaram "pensamentos" recopilados em *Liber Oz* de Crowley. É fácil ver aí os bordões que tornaram Paulo Coelho idolatrado por seu público: "Tu não tens direito a não ser fazer a tua vontade. Faça isso, e nenhum outro lhe dirá não"; "Todo homem e toda mulher é uma estrela"; "Não existe Deus senão o ser Humano"; coisas assim[17].

---

[15] Mesquita, André. *Fernando Pessoa; o ocultismo na ótica poética.*
[16] Quando Coelho rompeu com Aleister Crowley, escreveu em *Planeta*: "William James diz que um pode jogar um jogo durante vários anos, com um alto grau de técnica, sem que consiga progredir além de determinado estágio. Até que um dia, sem qualquer aviso, o jogo começa a jogar com o homem, e a partir daí ele não comete mais erros. Acreditamos que Aleister Crowley não tenha visto este dia, porque se perdeu nas próprias fantasias que criou; mas não tenham dúvida que chegou bem perto." Essa esquisita noção de alienação não se aplica precisamente ao próprio Paulo Coelho?, se perguntava Paulo Sarmento Guerra.
[17] Mesquita, André. *Fernando Pessoa; o ocultismo na ótica poética.*

PAULO COELHO

Não lhe fora difícil, pois, detectar a filosofia de Coelho: sem sair do seu lugar (o sonhador de Fez) você pode tocar a face do mistério, encontrar sua Lenda Pessoal, o conhece-te-a-ti-mesmo socrático, viver é recordar etc. etc. Internet e Platão. Filosofia entre aspas porque essa pressupõe sinceridade e Coelho, na sua humilde estudada, "tinha cara de impostor" (palavras suas). Em vez de histórias podia vender raízes no Largo da Carioca, prometendo, nos intervalos, que ia entrar na garrafa de Coca-Cola que o público fitava intrigado. Coelho "não tinha filosofia, tinha mensagem", um figurante a mais do "mundo assombrado pelos demônios"[18].

Paulo só relaxou com relação a Coelho, no entanto, quando aceitou que o desafeto fazia parte de um fenômeno quase mundial, exigência contemporânea de livros místicos, religiosos de uma nova maneira, esotéricos de toda forma: retorno avassalador do sagrado. O sagrado parasitando o literário tinha antecedentes, que Paulo fez questão de estabelecer, desde o remoto Martin Lutero, passando pelas publicações *A Bíblia para crianças* e o *Evangelho segundo são Marcos em quadrinhos*, dos anos 40, até as ficções em cima da Bíblia dos 80, como J. J. Benitez (a seqüência *Operação Cavalo de Tróia*)[19]. Paulo foi então estudar o que era o sagrado – e como este podia retornar depois da morte de Deus – em Eliade, em

---

[18] Referência ao livro de Carl Sagan, *O mundo assombrado pelos demônios*, em que se narram vários casos de impostores ocultistas, como o daquele Carlos que, através do programa de T. V. *Sixty minutes*, enganou durante meses a Austrália inteira.

[19] Paulo não chegou a conhecer *O Evangelho segundo Jesus Cristo*, de Saramago de 1992. Nem *O livro de Deus*, de Walter Wangerin (quanto a este felizmente).

Vattimo[20]. Viu prontamente que a demanda atual do sagrado era efeito (e causa) da onipresença da indústria cultural – o diabo não era tão feio, apenas literatura de massa. Convencido de que o autor de *Brida* era um fenômeno midiático quase mundial, eis que se interpôs uma subpergunta: por que um brasileiro e não um americano ou pelo menos um anglófono? Encontrei uma meia-resposta num de seus cadernos: "Coelho é produto de peculiar interseção dos planos arcaico e moderno que define o Brasil – por outras palavras, é como se o nosso contexto histórico (*Modernidade tardia*, ou *nação inconclusa*, ou ainda *vertente ibérica da Modernidade*) catapultasse com freqüência figuras assim para o interior do espetáculo mundial."

Mas o que vinha a ser exatamente, nos termos de Paulo Sarmento Guerra, literatura de massa? A bibliografia é vasta e ele pôde produzir com facilidade uma definição operativa.

Começou convindo com Muniz Sodré que é através da chamada literatura de massa que o inexplicável ganha aos olhos do senso comum soluções ideologicamente propiciadas pela Modernidade; e que todos os gêneros folhetinescos (não exatamente o caso de Paulo Coelho) ajudam o sujeito a se reconhecer e identificar edipianamente com a ideologia dominante[21]. Ocorreriam em Coelho o herói e o fazedor de façanhas, como é do gênero? E os outros traços – a codificação, o caráter protéico, a co-escritura (autor + editor), a interpenetração do real e do imaginário? Verificar a sua presença, tão evidente no folhetim e no best-seller[22], nos livros de Coelho, tão apreciados por Virgínia, pareceu a Paulo trabalho crítico indispensável, pois assim esconjuraria de vez o mago escrevinhador.

Paulo chegaria, logicamente, por esse caminho, a indagar-se se tratava de um kitsch. O kitsch se caracteriza não exatamente pela

---

[20] Deste último ficou em sua cabeceira: *O acreditar em acreditar*, de 1996. Pena não ter alcançado a coletânea que Vattimo organizou junto com Derrida, *A religião*, em 1997.
[21] Sodré, Muniz. *Best-seller: a literatura de mercado.*
[22] A partir do romance *Tubarão*, que originou o filme, Sodré aponta os elementos estruturais do gênero *best-seller*: mito, atualidade informativo-jornalística, pedagogismo e presença da literatura culta. Em maior ou menor grau estão na obra de Paulo Coelho. Ibid, pp. 56/57.

breguice ou "mau gosto", como a música sertaneja, mas pela pretensão a ser consumido como arte – um bovarismo da sociedade de consumo. Paulo não cairia no blablablá reacionário da "verdadeira cultura", "valores da cultura autêntica" etc. Estava vacinado. Contudo, a categoria kitsch lhe pareceu aplicável ao seu desafeto (sic). Se Coelho colhesse elementos de ciência, de filosofia e de literatura e os servisse sob nova forma – e até mesmo sob velha forma, mais sofisticada e problemática –, nada a declarar[23]. Tais elementos se tornam k*itsch* (e o termo, sem dúvida, deprecia) quando parcializam, simplificam e acomodam a fruição do leitor ou espectador. E a pretensão? Paulo conviria que não sendo necessária ao produtor (artesão, escritor, compositor etc.) era indispensável ao receptor. Tal qual a ironia, se não for percebida *no pasa nada*.

Virgínia, por exemplo, uma mulher de real sensibilidade, nunca se tocou com o "conteúdo" dos "pensamentos" de Paulo Coelho, tipo "é justamente a possibilidade de realizar um sonho que torna a vida interessante", "o amor é uma coisa mais antiga que os homens" e o próprio "deserto", "Não pense no que ficou para trás"... *Lenda pessoal* do Marquês de Maricá, anotou Paulo numa impaciência. Certa vez Virgínia lhe pediu que lesse *sobre* Coelho, se lhe era tão penoso ler Coelho. Talvez obedeceu com boa vontade. *Paulo Coelho por ele mesmo* ficou na sua estante anotado com displicência: "*Pretensioso, kitsch, pueril e completamente auto-referenciado. Esse vai longe!*"[24] As observações irritadas ficam para a passagem em que Coelho se diz revolucionário: *Foi nessa época [1968-9] que começou a acontecer o movimento hippie. Como bom ateu e vivendo o ambiente da universidade, a primeira coisa que eu fiz foi entrar para o movimento*

---

[23] "E por que não admitir também que obras da cultura superior sejam comercializados pela indústria cultural sem que isso as relegue à classe do k*itsch*, como ocorre com a música clássica distribuída em CDs pelos jornais do país? A maior parte do público não é capaz de diferir (sic) um violoncelo de um contrabaixo, nem faz idéia do que seja um *allegro assai*, mas se emociona de verdade quando esses elementos vêm juntos na Sinfonia nº 40, de Mozart. E, afinal, não é, para isso que serve a arte?" (Nascimento, 1988.) Nota de Paulo.
[24] Refere-se a *Manifesto de 2001*, edital de Coelho para a revista *2001*, de abril de 1972.

guerrilheiro[25]. Adiante Coelho se autoproclama "organizador do movimento hippie no Brasil". Para Paulo (ele me disse mais tarde) estava aí a prova de que o autor preferido de Virgínia inventava, era uma estátua de si mesmo.

Paulo queria compreender Virgínia, esse era o fato. Quando morreram, na primeira hora de 1997, estaria perto disso? Ele parecia obstinado em saber: esta mulher trágica e inocente, Ana Karenina que chega ao fim do século vestindo saias indianas compradas em Saint André des Arts, devorando best-sellers de um *soit disant* mago, é boba ou sábia? Afligia-o um problema antiqüíssimo. O mesmo de Enéas diante de Dido, amor *versus* legitimidade do amor, pois lhe parecia impossível ligar-se a alguém que acreditava em anjos da guarda e Shantalas. Ora, por estilo, e filosofia Paulo condenava a produção desenfreada do kitsch esotérico, cuja amostra tinha em casa, estando, portanto, inclinado a julgar Virgínia como tola e alienada. Mas não o fez. Se o kitsch é percepção (e não fato objetivo) tinha uma *liminar* suspendendo o julgamento. Virgínia não vivera nada daquilo – doutor Suzuki, o zodíaco, o *karma, Meu pé de laranja lima*, Santo Daime, a era pós-Aquarius e enfim Paulo Coelho – por burrice ou pretensão, mas por leseira. Uma grande mulher lesa, como a sua homônima ficcional de cento e oitenta anos atrás.

Paulo chegou a considerar, certo tempo, que Virgínia fosse caso clínico. Foi quando leu *The Man who Mistook his Wife for a Hat*, do notório Oliver Sacks (1997)[26]. Primeiro acreditou que a "doença" de mulher se encaixava na "Síndrome de Tourette":

> *A síndrome de 'Tourette', como passou imediatamente a ser chamada, caracteriza-se por um excesso de energia nervosa e uma grande produção e extravagância de movimentos e idéias estranhas: tiques, contrações espasmódicas, maneirismos, caretas, ruídos, imprecações,*

---

[25] Coelho, Paulo. *Paulo Coelho por ele mesmo*, p. 32.
[26] Paulo, curiosamente, conheceu o livro de Sacks ao ajudar Virgínia a traduzi-lo do original americano (1985) para uma editora universitária que, no entanto, foi superada pela Companhia das Letras, mais ágil (em 1997). Seja dito que Virgínia mesmo assim (como era de direito), foi paga e pagou ao marido a sua pequena ajuda. Sintomático.

*imitações involuntárias e compulsões de todo tipo, com um singular humor travesso e uma tendência a fazer palhaçadas e brincadeiras bizarras. Em suas formas 'superiores', a síndrome de Tourette abrange todos os aspectos da vida afetiva, instintiva e imaginativa; nas formas 'inferiores', e talvez mais comuns, pode ocorrer um pouco mais de movimentos anormais e impulsividade, embora mesmo nestes casos haja um elemento de estranheza. A síndrome foi amplamente reconhecida e descrita nos últimos anos do século XIX, pois essa foi uma época em que predominou uma neurologia abrangente, que não hesitava em conjugar orgânico e psíquico. Evidenciou-se para Tourette e seus colegas que essa síndrome era uma espécie de possessão por impulsos e ânsias primitivas, mas também era uma possessão com base orgânica – um distúrbio neurológico bem definido (embora não descoberto)*27.

Virgínia comunicava prontamente a quem a conhecesse duas impressões fortes: a beleza e a leseira. Se continuássemos a observá-la (e Paulo fez isso por trinta anos) era uma leseira nevrótica que se eriçava em tiques, movimentos violentos, compulsões de todo tipo, a que podia se seguir um sono de pedra por um dia inteiro. Não sabemos se alguma vez lhe fizeram um diagnóstico (físico ou psiquiátrico), mas é fato que Paulo pensou em "tourettismo":

Na síndrome de Tourette, onde ocorre a excitação das emoções e paixões, o distúrbio das bases primárias, instintivas, do comportamento, a perturbação parece encontrar-se nas partes mais superiores do 'cérebro velho': tálamo, hipotálamo, sistema límbico e amígdala, onde se encontram os determinantes afetivos e instintivos básicos da personalidade. Portanto, a síndrome de Tourette – tanto patológica quanto clinicamente – constitui uma espécie de 'elo perdido' entre corpo e mente, situando-se, por assim dizer, entre a coréia e a mania. Assim como nas raras formas hipercinéticas da encefalite letárgica e em todos os pacientes pós-encefalíticos sobreexcitados por levo-

---

[27] Sacks. Oliver W. *O homem que confundiu sua mulher com um chapéu e outras histórias clínicas.*

dopa, os pacientes com a síndrome de Tourette ou com 'tourettismo' originário de qualquer outra causa (ataques, tumores cerebrais, intoxicações ou infecções) parecem ter um excesso de transmissores excitadores no cérebro, especialmente no transmissor dopamina. E, como os pacientes parkinsonianos letárgicos precisam de dopamina para animá-los, como meus pacientes pós-encefalíticos foram 'despertados' pelo precursor da dopamina, a levodopa, assim também os pacientes frenéticos e como a síndrome de Tourette precisavam que fosse baixada sua dopamina por um antagonista, como, por exemplo, a droga haloperidol (Haldol)[28].

Havia, sobretudo, além disso, as visões, algumas bem conhecidas dos amigos – como a orquestra e coro de cães. Numa pequena arquibancada os animais tocavam e cantavam um repertório superior e furioso, por exemplo a ode de Schiller, da Nona de Beethoven. Desde que apareceram a Virgínia em Perequê (litoral paulista) num acampamento "paz e amor", aí por 1969, nunca mais a deixaram. Virgínia não se alterava, apenas comunicava, por educação, a quem estivesse ao seu lado: "A orquestra" – e seus verdes olhos pareciam então os daquele Palauá, de *Macunaíma* ("vão na praia do mar, meus verdes olhos, depressa, depressa, depressa"). Uma outra visão era a do salva-vidas ou pescador preto com quem desaparecera umas horas, na infância, em Guarujá. Ela o via periodicamente e eu assisti uma noite ao marido lhe perguntar se continuava moço tantos anos depois. Virgínia não se irritou: "Continua."[29] O gozo que parecia tirar da visão a tornava boa.

Seria Virgínia um caso de epilepsia? Paulo trabalhou também com essa hipótese:

Penfield não só conseguiu localizar a origem desses estados mentais nos lobos temporais, como também evocar o 'estado mental complexo', ou 'as alucinações experimentais' extremamente precisas e

---

[28] Ibid, p. 112.
[29] Esta visão de Virgínia lembraria a Paulo aqueles coveiros pretos de *Anjo negro* ou de *Álbum de família*, com que Nelson Rodrigues quis assinalar o sexo fantasmático.

detalhadas desses ataques, por meio de delicada estimulação elétrica dos pontos do córtex cerebral propensos a convulsão quando o córtex ficou exposto, durante cirurgia, em pacientes totalmente conscientes. Essas estimulações provocavam de imediato alucinações intensamente vívidas de melodias, pessoas, cenas, as quais eram sentidas, vivenciadas, como imperiosamente reais, a despeito do ambiente prosaico da sala de operação, e podiam ser descritas aos presentes com detalhes fascinantes, confirmando o que Jackson descrevera sessenta anos antes ao falar da característica 'duplicação de consciência'.

Existe (1) o estado de consciência quase parasítico (estado onírico) e (2) existem vestígios da consciência normal, portanto, há uma dupla consciência [...] uma diplopia mental. [...]

Penfield impressionou-se com a freqüência dos ataques musicais e deixou muitos exemplos fascinantes e quase sempre engraçados, uma incidência de 3% nos mais de quinhentos pacientes com epilepsia do lobo temporal que ele estudou:

Nos surpreendemos com o número de vezes em que a estimulação elétrica levou o paciente a ouvir música. *Esta foi produzida a partir de dezessete pontos diferentes em onze casos. Ora se ouvia uma orquestra, ora vozes cantando, um piano tocando, ou um coro. Várias vezes afirmou-se que era uma canção de rádio. [...] A localização para a produção de música está na convolução temporal superior, tanto na superfície lateral como na superior (e, assim, próximo do ponto associado à chamada* epilepsia musicogênica*).*

[...] Em cada caso – como ocorreu com a sra. O'M. – a música era fixa e estereotipada. A mesma melodia (ou melodias) era ouvida repetidamente, fosse no decorrer de ataques espontâneos, fosse mediante estimulação elétrica do córtex propenso a ataques. Portanto, essas melodias não eram populares só no rádio, mas igualmente populares como ataques alucinatórios; elas eram, por assim dizer, 'As dez mais do córtex'.

Existe alguma razão, devemos refletir, por que certas músicas (ou cenas) são 'selecionadas' por determinados pacientes para a reprodução em seus ataques alucinatórios. Penfield examinou essa questão e não vê razão, e certamente não há sentido, na seleção

encontrada: 'Seria dificílimo imaginar que alguns dos incidentes triviais e músicas recordados durante a estimulação ou descarga epiléptica pudessem ter alguma importância emocional para o paciente, mesmo estando acentuadamente consciente dessa possibilidade'.
[...] Essas músicas continuam a ser as mais ouvidas por ela? São importantes para ela agora? Ela obtém alguma coisa de sua música alucinatória? No mês seguinte àquele em que examinei a sra. O'M., o New York Times *publicou um artigo intitulado 'Shostakovich tinha um segredo?' O 'segredo' de Shostakovich, dava a entender um neurologista chinês, dr. Dajue Wang, era a presença de um estilhaço metálico, um fragmento móvel de granada em seu cérebro, no corno temporal do ventrículo esquerdo. Shostakovich aparentemente relutava em permitir que o fragmento fosse removido.*
'Desde que o fragmento fora parar ali', disse ele, 'cada vez que inclinava a cabeça para um lado ele podia ouvir música. Sua cabeça estava repleta de melodias – diferentes em cada ocasião – das quais ele fazia uso quando compunha.'[30]

E se concluísse, *cientificamente*, que Virgínia era caso médico? Obviamente seria preciso que ela também concordasse e Paulo, pelo que sei, não teria coragem de enveredar por aí. Seu racionalismo não chegava a tanto, embora se Virgínia, ou alguém por ela, desse o primeiro passo, ele seguiria com veemência.

Poucas semanas antes de morrer, Paulo foi impressionado por um livro de dois psicanalistas (a francesa Catherine Clément e o indiano Sudhir Kakar), *La Folle est le saint*. Madeleine, a *folle* do título, como Virgínia, estaria do lado da "sociedade aberta" (Bergson), mas seu destino teria sido esmagado pela "sociedade fechada", cujas figuras rígidas – pais, policiais, comissários, médicos, professores, maridos – são os vetores da intervenção. Sociedade fechada é o mesmo que "do povoado" e aberta "da floresta". Como a Madeleine do livro, a chance de Virgínia seria encontrar alguém "da floresta" que a compreendesse e amasse. Ele, Paulo, era "do povoado".

---

[30] Ibid, pp. 255, 157, 160.

De caso clínico, Virgínia transitava, portanto, para caso especulativo, quase filosófico. Não seria sua leseira um *extremismo* à Ortega y Gasset? Quando jovem, Paulo lera Gasset sem entusiasmo, desconfiado de estar perdendo alguma sutileza significativa, mas agora podia convocá-lo sem culpa. *Crise* naquele autor é sempre o desgaste da cultura provocado pela sua transmissão cada vez mais anódina de geração em geração, convertendo-se com o tempo, em maneirismo, narcisismo e fórmulas vazias. A crise acarreta *desespero* e este a redução da totalidade da vida a um só aspecto que ocupa então, subjetivamente, o lugar do todo. A esta simplificação ele chama *extremismo*. Quando jovem, Paulo via neste raciocínio de Ortega y Gasset, uma crítica ao marxismo; mas podia aceitá-lo agora que se empenhava em *compreender* a mulher. Eis um dos "verbetes" que resgatou:

> *Perdido na complicação, o homem aspira a salvar-se na simplicidade. Nadificação universal. Toque geral a prescindir de, a retirar-se, a negar toda riqueza, complexidade e abundância. O presente e seu passado imediato aparecem como aflitivos pela excessiva vegetação de possibilidades. Pode-se pensar demasiados pensamentos, desejar coisas em demasia, seguir muitas variedades de vida. A vida é perplexidade, e quanto mais numerosas as possibilidades, mais perplexo, mais angustiosamente perplexo o homem. Não, não: no pequeno pátio de humilde morada oriental, quase andaluza, ouve-se elevar-se a voz clara de Jesus, voz de fonte, dizendo: 'Em verdade, em verdade vos digo que uma só coisa é necessária'. Jesus é, de pronto, um extremo simplificador* [31].

---

[31] Ortega y Gasset, s/data, p. 73. A nota é de Paulo e está sem local, editora e data.

SOFIA

Em *Crônica de indomáveis delírios*, de 1991 o autor deste livro, precisando de uma mulher para compor um grupo de estudantes em Montpellier, fins do século XVIII, fez entrar em cena uma certa Úrsula. Atribuiu-lhe nascimento na Alemanha, caráter inquieto e corpo redondo (daí o apelido Boulette). Úrsula devia durar uma página, mas fez-se protagonista, num processo que os romancistas chamam de "rebelião da personagem".
Trinta anos depois um amigo, que a supunha morta, reencontrou Úrsula na Bahia. Do que ouviu pouco entendeu, não estava familiarizado com os termos, não discernia os encaixes de um relato sem carne e sem datas – o que significaria, por exemplo, *glândula pineal de Descartes?*, quando estivera internada na Salpêtrière, antes ou depois do *caso Bergasse?* De certo, apenas deduziu que aquela mulher envelhecera fiel a si mesma, arrependida hoje do que fizera ontem, depois dos *charutos* nas caves de Montpellier, as *cubas imantadas* do *Dr. Mesmer*, depois dessas os *transes sonambúlicos* dos salões morrinhentos, decorados em lilás, de *Mme. Godrefoy*, a *peregrinação a Santiago de Compostela*, em seguida a Roma para converter o papa ao *martinismo*, a *dieta que veio do Tibete*, a *adivinhação que veio do Nepal*, as *condexações* legadas pelos antigos medas, as *viagens astrais*, o *chá que Doña Mariña, la Malinche, fazia beber a Cortez* ... – profusão infinita de fenômenos explicados por uma única regra: *não procures nem creias: tudo é oculto*[32]. Nenhuma das pregas que lhe cercavam a boca e os

---

[32] "Cega, a ciência a inútil gleba lavra./Louca, a fé vive o sonho do seu culto./Um novo deus é só uma palavra./Não procures nem creias: tudo é oculto." Fernando Pessoa, *Natal.*

olhos, nenhuma mancha da pele se devia aos acontecimentos políticos do século. Entrara e saíra do Terror, da Campanha da Rússia, da Restauração com suas bandeiras brancas hasteadas a cada vinte metros nas duas margens do Sena, como se vivesse num lugar sem carteiro a que não chegassem sequer os pombos e os naturalistas. O amigo lhe perguntou como viera parar na Bahia, lembrando-se de que, na cama, Boulette só se excitava depois de lerem *Swedenborg*. Certo *Allan Kardec* a convencera de que o futuro do *espiritualismo* estava com os primitivos da América. Entre criaturas boníssimas, imunes à razão e ao interesse, desenvolveria o que Allan chamava provisoriamente de *mediunidade*. Boulette não distinguia o Canadá de São Domingos, acreditaria se lhe dissessem que Buenos Aires ficava na desembocadura do Hudson, além disso arrasara a fortuna da família em cotas de tudo quanto foi *sociedade, clube* e "arrumação" pela Harmonia Universal dos últimos vinte anos. Mas arranjou lugar num brigue de Southampton, que foi tomar a Calais, pegou sarna e, à vista do cais da Ribeira, caiu em prantos. Nas ladeiras atravancadas de bancos e ferramentas, cheirando a chouriço, a peixe frito, a goiabas passadas, a *bouillon* de dendê, Úrsula teve certeza de que as subira em outras vidas. Bordara em alguma *encarnação* os travesseirinhos de apoiar cotovelos que vislumbrava cá do meio da rua. Com poucas semanas tinha um *círculo*, que iniciou na correta comunicação com o *Outro Lado*, na *ciência dos sonhos* e na *hipnose*. Em troca, Boulette *fez cabeça* num terreiro, rebatizou-se Obatossi e passou a andar de camisu.

Mulheres cativas do esoterismo são, como se vê, história antiga. Seria, no entanto, o "breve século XX"[33], que teve um dos seus começos em 1908 com a invenção da palavra *parapsicologia*, por Émile Boivac, mais propício a sua ocorrência?

Assiste-se, nesse fim de século, a um maciço retorno de anjos mensageiros divinos e sobretudo de anjos da guarda. Eles atravessam o Atlântico, chegando em vôo rápido da Califórnia. Eles pululam, são

---

[33] Subtítulo de um livro de Hobsbawm de 1996.

legiões. [...] Multiplicam-se a uma velocidade vertiginosa. [...] No mais das vezes, infelizmente, sob a forma da mais frágil superstição, a mais obscurantista, numa impressionante mistura de candura e de charlatanismo, de boas impressões e de impostura, destinada às almas simples e religiosas que, de toda maneira, serão sempre ridicularizadas. Toda uma série de obras comerciais, mais ou menos derivadas das iluminações do New Age, cuja inflação galopante é tão verborrágica quanto preocupante.

A explicação mais elementar do esoterismo contemporâneo (incluindo o angelismo) foi dada por Eliade: surda reação à des-sacralização da modernidade ocidental. É a "casa cósmica" contra a "máquina de morar", o "espaço sagrado" contra o "geométrico", o "espaço homogêneo" contra o "heterogêneo", rupturado por assim dizer[34]. O pensamento mágico entraria em ação cada vez que o pensamento pragmático se vê impotente. Função reparadora do Eu individual como desse eu coletivo que são as ideologias, o esoterismo prolongaria até o infinito a contemporaneidade, instalando o tempo sem tempo. É também elementar a explicação que remete ao pecado original da Modernidade, a "razão instrumental". Aquela se define pela autodeterminação política e a autonomia moral, esta unicamente pela previsibilidade e controle dos processos sociais e naturais em

---

[34] "En cette fin de siècle on assiste à un massif retour des anges messagers divins et surtout anges gardiens. Ils ont franchi l'Atlantique, ils reviennent à tire-d'aile depuis la Californie. Ils pullulent, ils sont légion. [...] Se multipliant à une vitesse vertigineuse. [...] Le plus souvent, malhereusement, sous la forme de la superstition la plus débile et la plus obscurantiste, en un étonnant mélange de candeur et de charlatanisme, de bonnes intentions et de filouterie, destiné aux âmes simples et religieuses qui de toute façons seront toujours bernée. Toute une série d'ouvrages commerciaux, plus au moins dérivés des illuminations du New Age, dont l'inflation galopante est aussi parlante qu'inquietante." Buisine, Alain. *L'Ange et la Souris*, p. 285. Na França, por exemplo, choveram anjos desde 1993. *Enquête sur l'existence des anges gardiens* (Pierre Jovanovic), *Comme dialoguer avec ange gardien* (Hania Czajkovski), *La lumière des anges*. *Un jeu iniciatique et pratique pour rencontrer les alges* (Ferry Lackner), *Cheminer avec les anges*. *Les messages de nos compagnos spirituels* (Helmut Hark), *Éveil à la lumière a angelique*. *Principes, exercises, prières* e *Les anges de lumière et la vie professionelle* e ainda *Les anges de lumière au quotidien*. *Prière et visualization créatrice* (Goeliah), *Communiquer avec son Ange Gardien*. *Quand et comme le comme le rencontrer* (Haziel), *Enquête sur l'existence des anges rebelles* (Édouard Brasey) e muitos e muitos outros.

defesa do cálculo, do custo/benefício, da produtividade e da competitividade[35]. Desse jeito, o ocultismo – assim como noutra clave, o pentecostalismo – não passaria da restauração do messianismo implícito no desígnio moderno.

Está bem: o ocultismo é reativo. Mas reativo, antes de mais nada, por simbiose: a crença no invisível povoado de seres é a racionalização da ânsia narcisista moderna, já que os seres invisíveis são perfeitos com relação aos visíveis. Até, digamos, o século XVII, relações sexuais do homem com criaturas sobrenaturais foram temíveis. Em 1545, por exemplo, o papa Paulo II concedia perdão a uma certa Madalena de la Croix, que por mais de trinta anos trepara com um espírito do mal, um mouro negro, e enfim se arrependera[36]. No entanto, desde o fim do século XVII – como fez notar Alexandrian – essas relações foram se tornando menos dramáticas, acabando por se idealizar positivamente. Em 1670, por exemplo, um certo abade Nicolas Montfaucon recomendava a renúncia a todo comércio carnal com mulheres, não por castidade mas a fim de o cristão se poupar para "amadas invisíveis". A terra, escrevia, está cheia, quase até o seu centro, de gnomos, o ar cheio de sílfides, o fogo de salamandras, os rios e os mares transbordam de ninfas – é escolher. A mais bela dentre as mulheres não chegava aos pés das que não se viam. Fantasia romântica, deslambida, com um século de antecedência, como se vê.

Nenhuma, porém, jamais se igualou a Sofia.

Sofia: maravilhosa esposa imaterial e polígama, abrasou um século inteiro! Johan-Georg Gichtl, editor alemão refugiado em Amsterdã, lhe recebeu a primeira visita no dia de Natal de 1673 e a inefável delícia com que consumou aquelas núpcias broxaram-no, daí por diante, para toda e qualquer mulher "real". Copulando com Sofia num "fundo luminoso interior", Gichtl forcejou anos por uma paternidade espiritual. Mantinha com ela conversas diárias. Entendiam-se numa língua sem palavras e sem vibração de ar. Sofia fez-lhe grandes

---

[35] Eliade, Mircea. *O sagrado e o profano. A essência das religiões* e *Ocultismo, bruxaria e correntes culturais*.
[36] Lechwer, Norbert. *A modernidade e a modernização são compatíveis?*, p. 755.

revelações, tirou-o de trapalhadas, convenceu-o a editar o indefectível Jakob Böhme[37]. Um sábio da mesma têmpera, de que fora amigo na juventude, Raadt, veio visitá-lo, se apaixonou por Sofia. Com pouco eram trinta – a Sociedade dos Trinta – a partilhar o leito astral de Sofia, aparecendo dissidências. Qualquer candidato podia possuir Sofia? Não, só iniciados. E mulheres? Houve casos, como a inglesa Jane Leade. Sofia inscreve-se, dessa maneira, entre a obsessão cristã do incubato-sucubato e o processo de santificação do sexo que se acelera após a Segunda Guerra – mero episódio, portanto, de uma série histórica[38]. Tão moderno quanto os *Essais* do velho Montaigne ou a *stéreochimie* do dr. Pasteur.

---

[37] O caso foi relatado, entre outros, por Jean Bodin. *De la Demonomanie des sociers*. Jakob Böhme (1575–1624) foi teólogo e místico nascido em Altseidenberg.
[38] Na Itália, por exemplo, foi notável a "escola de Myriam". Seus adeptos em estado de *mag*, êxtase ativo, tentavam entrar em contato com um fluido feminino, Myriam.

CONFIANÇA

É também possível derivar a *onda* ocultista de um traço marcante da megamáquina moderna: a emergência dos *sistemas abstratos*, em especial os *sistemas peritos*. O que caracteriza *no fundo* a Modernidade? Anthony Giddens, de um ângulo preferencialmente sociológico, garante ser a *confiança* em *sistemas abstratos* em geral e nos *de peritos* em particular[39]. A Modernidade – convencionalmente apreciada no plano da economia e das instituições políticas – só se torna marcante, ao seu ver, nas seguintes três instâncias: no ritmo de mudança, no escopo da mudança e na natureza intrínseca das instituições modernas. Só então a descontinuidade ou ruptura com a pré-Modernidade parece insofismável. E só no interior da terceira instância se encontraria o que *no fundo* (a expressão é minha) caracteriza a Modernidade: confiança em sistemas abstratos e peritos[40].

Mas o que vem a ser confiança, esta velha palavra, num contexto de modernidade? Definição de Simmel: "Ela exprime a sensação de que existe entre a nossa idéia de um ser e o próprio ser uma conexão e unidade definidas, uma certa consistência em nossa concepção dele, uma convicção e falta de resistência na rendição do ego a esta concepção, que pode repousar em razões específicas, mas não é explicada por elas."[41] Não se trata de qualquer confiança, como a

---

[39] Giddens, Anthony. *As conseqüências da modernidade.*
[40] "A natureza das instituições modernas está profundamente ligada ao mecanismo de confiança em sistemas abstratos, especialmente em sistemas peritos." Ibid. p. 87.
[41] Ibid, pp. 34s.

que leva um fazendeiro, por exemplo, a semear todo ano porque *conhece* o regime do solo: não há nesse caso qualquer "rendição do ego". A confiança específica da Modernidade é outra; é, por exemplo, a confiança no dinheiro: ela realiza a unidade entre a idéia do ser e o próprio ser (a idéia de dinheiro hoje, convenhamos, pouco tem a ver com a do tempo de São Luís).

E o que vem a ser sistema abstrato? Qualquer conjunto *ausente* de relações que, no entanto, informa e conforma o objeto *presente*. Quanto a sistemas peritos[42] são aqueles abstratos que tornam possível a vida na megamáquina global. Vivem da confiança *cega*[43] que depositamos neles. Quase ninguém, mesmo com escolaridade superior, é capaz de explicar como funciona a luz – no entanto ao pressionar o comutador confiamos em que a sala se ilumine. Não é preciso entender de motores para tirar o carro diariamente da garagem. Não preciso ler Hegel em alemão para acreditar que foi um grande pensador. Ao me internar para uma operação, provavelmente quererei saber os passos do cirurgião para aumentar a minha dose de – eu diria – tranqüilidade, mas não para ter confiança, mesmo porque diversas etapas (o subsistema perito da anestesia, por exemplo) me escapariam. Ou confio ou não me opero. Também os pequenos acionistas da bolsa e os portadores de cartão de crédito não precisam – *não devem* – saber como funciona o circuito financeiro para confiar nos agentes de aplicação que, enquanto peritos, lhes *dão acesso* ao sistema abstrato a que chamamos capitalismo[44]. A própria maternidade é para nós, na primeira infância, um sistema perito de que nossa

---

[42] Giddens distingue ainda *fichas simbólicas* de *sistemas peritos* (*expert sistems*). Aquelas são meios de intercâmbio que podem ser "circulados" sem ter em vista as características específicas dos indivíduos ou grupos que lidam com eles em qualquer conjuntura particular – como, por exemplo, os meios de legitimação política e o dinheiro. "Qualquer um que use fichas monetárias o faz na presunção de que outros, os quais ele ou ela nunca conheceu, honrem seu valor. Mas é no dinheiro enquanto tal que se confia, não apenas, ou mesmo primariamente, nas pessoas com as quais as transações específicas são efetuadas." (Ibid.: 34).
[43] Não é rigorosamente assim. Sempre temos algum "conhecimento indutivo fraco" (Simmel) sobre o funcionamento dos sistemas peritos.
[44] Dar acesso a um sistema abstrato: tornar presente o que está ausente por definição.

mãe (ou similar) guarda a chave. Dietas, auto-ajudas, exercícios são, da mesma sorte, recepção por parte de leigos de conhecimento perito – não são descobertas pessoais compensatórias de perda de poder ou reação à racionalidade, como se concluiria a um primeiro exame. A todos esses casos, se aplicaria, pois, a regra de ouro que Pessoa identificou no ocultismo: "não procures nem creias: tudo é oculto"[45]. Pessoa deu, aliás, uma definição lapidar do ocultismo em carta a Adolfo Casais:

> *Falta responder a sua pergunta quanto ao Ocultismo. Pergunta-me se creio em Ocultismo. Feita assim a pergunta não é bem clara; compreendo porém a intenção e a ela respondo. Creio na existência de mundos superiores ao nosso e de habitantes desses mundos, em experiências de diversos graus de espiritualidades utilizando-se até chegar a um Ente Supremo, que presumivelmente criou este mundo. Pode ser que haja outros Entes, igualmente superiores, que hajam criado outros universos, e que estes universos coexistam com o nosso, interpenetrantes ou não. Por essas razões, e ainda outras, a Ordem Externa do Ocultismo, ou seja, a Maçonaria, evita (exceto a Maçonaria anglo-saxônica) a expressão "Deus", dadas as suas implicações teológicas e populares, e preferem dizer "Grande Arquiteto do Universo", expressão que deixa em branco o problema de se Ele é Criador, ou simples Governador do mundo. Dadas estas escalas de seres, não creio na comunicação direta de Deus, mas, segundo a nossa afinação espiritual poderemos ir-nos comunicando com seres cada vez mais altos. Há três caminhos para o oculto: o caminho mágico (incluindo práticas como as do espiritismo, intelectualmente no nível da bruxaria, que é magia também), caminho esse extremamente perigoso, em todos os sentidos; caminho místico, que não tem propriamente perigos, mas é incerto e lento; e o caminho alquímico,*

---

[45] Crença, apressemo-nos a esclarecer, não é confiança. Crença diz respeito a presença, confiança diz respeito a ausência no tempo e no espaço: não se precisa, com efeito, confiar em alguém ou algo que seja visível, conhecido, próximo. É provável, como exemplo, que a inscrição "In God we trust" das notas americanas não seja uma profissão de fé, mas um *ponto de acesso*, com *rosto* (nos termos de Giddens), ao sistema abstrato chamado dólar.

o mais difícil e o mais perfeito de todos, porque envolve uma transmutação da própria personalidade que prepara, sem grandes riscos, antes com defesas que os outros caminhos não têm[46].

Confiança pode ser definida, em suma, como qualquer "crença na credibilidade de uma pessoa ou sistema, tendo em vista um dado conjunto de resultados ou eventos, em que essa crença expressa uma fé na probidade ou amor de um outro, ou na correção de princípios abstratos (conhecimento técnico)"[47]. Confiança em sistemas abstratos, em especial os peritos (se adotarmos a taxinomia de Giddens) vige, pois, tanto para comportamentos realistas quanto esotéricos, "materialistas" quanto "idealistas". (Uma das histórias mais ilustrativas de Ramakrishna conta que Rama, o próprio Deus, precisava construir uma ponte para atravessar o mar para Lanka. O devoto Hunamanm, porém, o que fez? *Confiou* em Rama e saltou para o outro lado. Não precisou de ponte, mas de confiança.)

Paulo Sarmento Guerra protagonizou, a esse respeito, quando ainda vivia em Lyon, um episódio revelador. Fora dar um curso em Moçambique como cooperante. O avião escalonava em Adis Abeba, capital da Etiópia[48]. Não informaram que ali se trocava de tripulação. Com meia hora, lhe aparece uma comissária preta. Estranhou. Um comissário: também preto. A porta da cabina se abre e ele vislumbra o co-piloto: preto. O piloto: preto. Teve uma sensação de pânico.

Paulo contava isso com ironia feroz e gaiata, pensando na dimensão inconsciente do racismo, sem atentar, na época, para o "colapso de modernidade" que o episódio indicava – e nem é certo que o fizesse dez anos depois quando se empenhou mais que tudo, como sabemos, em compreender o entusiasmo de Virgínia por Paulo

---

46 Mesquita, André. *Fernando Pessoa, o ocultismo na ótica poética*, pp. 19s.
47 Giddens, Anthony. *As conseqüências da modernidade*, p. 41.
48 De lá enviou uma carta a Virgínia (arquivo dela, pasta D, 12), em que fala do Preste João, da Abissínia, de Salassiê, do movimento Rastafari e de uma lendária trisavó materna. Essas reminiscências lhe vieram contemplando, do saguão do aeroporto, uma tenda de nômades na ravina em frente.

Coelho. Pois estamos, com efeito, diante da típica falta de confiança num sistema perito (a aviação) cujos pontos de acesso (a tripulação do avião) não tinham o *rosto* garantidor da sua segurança (minimização de *risco*[49]). Ao contrário, os rostos pretos informavam que ele não podia seguir a divisa "em situação de risco aja como sempre". Sua reação foi o *pavor* existencial. Pois o contrário de confiança não é desconfiança. É *angst*[50].

---

[49] Não confundamos também *risco* com *perigo*. Risco é palavra moderna, inexistente antes. Supõe-se que provém do espanhol e designava correr para o perigo, ou ir contra uma rocha (o navio). Teria nascido com as Grandes Navegações.

[50] *Angst,* angústia. "Entretanto, 'desconfiança' é um termo muito fraco para expressar a antítese da confiança *básica*, o elemento focal num conjunto generalizado de relações para com os ambientes social e físico. Se a confiança básica não é desenvolvida ou sua ambivalência inerente não é dominada, o resultado é ansiedade existencial persistente. Em seu sentido mais profundo, a antítese de confiança é portanto um estado de espírito que poderia ser melhor sumariado como *angst* ou *pavor* existencial." Ibid, p. 102.

L'ANGE ET LA SOURIS

Ora, se uma *confiança* engendra a outra, se dos objetos e técnicas (que não sabemos como funcionam) ao mundo oculto (que também não sabemos) é um pulo, a voga esotérica será uma conseqüência tardia da Modernidade, sua universalização e exacerbação – não uma *pós-Modernidade*. O esoterismo atual não é uma volta ao estado geral de crença medieval ou antigo. O horizonte da crença é a Fortuna (ou Destino). O horizonte da confiança é o Risco – e é o risco, provavelmente, que o esoterismo contemporâneo contabiliza. De forma semelhante a uma viagem de avião, ou a uma operação na bolsa, o que se teme é *o que efetivamente pode acontecer,* mas *probabilisticamente não acontecerá*. A confiança moderna é uma confiança probabilística, sem deixar de ser um ato de fé, o que demonstra ser a racionalidade moderna uma hipótese autocontrariada[51].

A *reflexividade* – mais que a *racionalidade* –, tantas vezes apontada como marca do moderno, parece, da mesma sorte, contígua do ocultismo. É a "areia movediça" de Popper[52]. Toda reflexão, nas circunstâncias da Modernidade, é reflexão sobre a reflexão. Pode-se ver o ocultismo como tapa-buraco das incertezas que o método das ciências naturais e sociais vai deixando atrás de si – é a maneira mais freqüente de ver. O ocultismo, no entanto, progride pela aplicação do mesmo método de incerteza que caracteriza aquelas. Há, pois, uma contigüidade de método. Eis a insegurança feito método: Moderni-

---

[51] A menos que vejamos a Modernidade como um *desígnio* de duas *vertentes,* a anglo-saxã e a ibérica, como o fez Morse, em *O espelho de Próspero.*
[52] Popper, Karl. *Conjectures na Reflections,* p. 34.

dade é a institucionalização da dúvida, não passa disso. No final, era de se prever, a máquina expeliu o maquinista[53].

O que se pode concluir? A facilidade com que um Paulo Coelho, por exemplo, passeia pelo universo abstrato do esoterismo (qualquer lição pode ser tomada de qualquer religião), impõem-no (1) como perito de *rosto* confiável desse sistema abstrato[54]; e (2) como "cientista" praticante do método reflexivo. A demanda a que ele atende é, numa palavra, a falta de sentido pessoal derivada de um atributo da Modernidade: a reflexividade aplicada ao Eu. Não se deve subestimar, além disso, a sua capacidade de atender a uma demanda pré-Moderna: os perigos da influência maligna e da perda da graça divina. Voltaremos a isso.

Em *L'Ange et la souris*, Alain Buisine alertou para a similitude entre o anjo e o artefato de computador que, à norte-americana, chamamos *mouse*.

"Nesse sentido, o esoterismo pode ser lido como um modelo primitivo e grosseiro de cyberespaço. Interface de nosso fim de século: de um lado o arcaísmo do oculto e suas grossas amarras, de outro a modernidade da informática e seus fluxos sutis."[55]

Brancos os dois (o anjo e o *mouse*), a um clique nos *acessam* ao etéreo, ao diáfano, ao distante. Por que têm de ser brancos? Em *Cool Memories*, 1990, Baudrillard lembra a neutralização do espectro das cores na luz branca como necessidade de nossa cultura – troca das carnações raciais pela brancura do operacional. Os anjos e os *mouses* só seriam

---

[53] "A crise da razão se manifesta na crise do indivíduo, por meio da qual se desenvolveu. A ilusão acalentada pela filosofia tradicional sobre o indivíduo e sobre a razão – a ilusão da sua eternidade – está se dissipando. O indivíduo outrora concebia a razão como um instrumento do eu, exclusivamente. Hoje, ele experimenta o reverso dessa autodeificação. A máquina expeliu o maquinista; está correndo cegamente pelo espaço. No momento da consumação, a razão tornou-se irracional e embrutecida. O tema desse tempo e a autopreservação, embora não exista mais um eu a ser preservado." Horkheimer, Max. *Eclipse da razão*, p. 139.
[54] Coelho cultiva a pose de perito como qualquer dentista. Ele chegaria mesmo a preencher ficha de hotel com a profissão "mago". Suas descrições de cerimônias secretas dos anos 60, lembram a goétea, daí Paulo classificá-lo inicialmente assim. Publicamente afirmou que faz chover.
[55] "En ce sens l'ésotérisme peut se lire comme un modèle primitif et grossier du cyberespace. Interface de notre fin de siècle: d'un côté les archaïsmes de l'occulte et ses grosses ficelles, de l'autre la modernité de l'informatique et ses subtils flux." Buisine, *L'Ange et la souris*, p. 80.

verdadeiramente angélicos na pureza da sua brancura. (Também os santos. Contam que Lampião, de passagem por uma fazenda, presenteou as imagens do oratório com uma nota de mil-réis cada. O fazendeiro estranhou que menos São Benedito. Resposta malcriada: "E lá existe santo preto?!") Presentificam ambos, à nossa invocação, o mundo invisível dos seres perfeitos sem contradição – ou de contradições já resolvidas anteriormente e sem ruído – sendo eles próprios misteriosos e perfeitos. Estão ali para nos conduzir a regiões etéreas, diáfanas, onde não vivem corpos, mas "formas vagas, fluidas, cristalinas" – e este verso é de Cruz e Sousa, que não conheceu sequer o rádio[56].

Os anjos, velhas crenças – prossegue Buisine – *há muito esquecidas, fazem seu reaparecimento ao próprio ritmo dos* mouses *da informática. A grande aliança dos anjos mensageiros e dos computadores interativos. Todo um complexo e sincrético conjunto de mensagens cósmicas a um só tempo angélico e informático que atira em todas as direções, que se aproveita de todas as indistinções e parasitagens de todas as suas confusões para melhor assegurar a sua pertinência e predominância num mundo virtualizado, no qual se desenvolvem simulacros e se apagam, a todo vapor, antigos pontos de referência espaço-temporais. [...] Se os anjos e os computadores se correspondem, como o direito-avesso de uma mesma alienação, é porque mantêm um mesmo imaginário de desencarnação da comunicação: imaterialidade e evanescência dos fluxos angélicos e dos fluxos informáticos*[57].

---

[56] Como sabemos, a dissertação de mestrado de Paulo Sarmento Guerra foi sobre Cruz e Sousa. Numa de suas pastas, achei uma meticulosa lista dos poemas em que o simbolista fala de anjos – entre eles, grifados, "Antífona", "Harpas Eternas", "O Anjo da Redenção", "Asas Perdidas" e "Anjo Gabriel". Como a pasta é de 1995, seu último ano de vida, suponho que era já o seu esforço para entender o mundo de Virgínia.
[57] "Les anges, prossegue Buisine, des vielles croyances, si longtemps oublies, refont leur apparition au rythme même des clics des souris de l'informatique. La grande alliance des anges messagers et des logiciels interactifs. Toute une complexe et syncrétique messagerie cosmique, à la fois angélique et informatique, qui joue sur tous les tableaux, qui profite de tous les brouillages et parasitages, de toutes les confusions pour mieux asser la prégnance, la prédominance dans un monde virtualisé où se developpent les simulacres et s'effacent à tout allure les anciens points de repère spatiaux-temporels. [...] Si les anges et les ordinateurs se répondent, et se correspondent, comme le recto-verso d'une même aliénation, c'est qu'ils entretiennent

O céu dos anjos é o ciberespaço dos *mouses* – essa alucinação consensual vivida cotidianamente por dezenas de milhões de operadores de todos os países, representação gráfica de dados de todos os computadores do mundo, uma complexidade inextricável, traços de luz dispostos no não-espaço do espírito, entrevistos ao longe como luzes de uma cidade impensável[58].

Os anjos estão entre nós e Deus, o *mouse* entre o usuário e o Deus ciberespaço – é o que Buisine quis demonstrar. Deus ciberespaço? Este tem de fato os quatro primeiros atributos do divino: a ubiqüidade, a instantaneidade, a imediatidade, a indestrutibilidade[59]. Os anjos chegaram junto com a telecomunicação: o *mouse* introduziu o anjo. Vejam o seu poder de aparecer-desaparecer. Confere com o poder da televisão, do clip, do bi-bop, da vitrine de shopping: a percepção acidental, reversível. Os anjos e os *mouses* se movem à vontade nesta estética da velocidade e da desaparição, duram o tempo de persistência na retina, o de registrar a aparência. E já não são anjos de antigamente, clássicos ou barrocos, obstados pela necessidade de simbolizar, carnais, femininos, infantis. Já não é o anjo que lutou com Jacó toda a noite, deixando nele a lembrança eterna da contracoxa ferida. O anjo informático não pesa, não fere, não amaldiçoa. É um fluxo, um traço luminoso. O *mouse* é o anjo do rico – que os pobres fiquem com os outros, os antigos, os de litografia, os de paróquia, os de adesivo de automóvel, os da "Bíblia Sagrada Ricamente Ilustrada".

Disse acima que os anjos e os *mouses* presentificam um mundo invisível de onde foram banidos, preventivamente, a contradição, o dissabor, a morte. Talvez realizem o desejo de Bill Gates, presidente da Microsoft: um "capitalismo sem risco de fricção". Ora, esse desejo corresponde ao de substituir as religiões, com suas desavenças e dogmas enrijecidos, pela religiosidade sem fronteiras dos esotéricos.

---

un même imaginaire de la désincarnation de la communication: immatérialité et évanescence des flux angéliques et des flux informatiques." Ibid, pp. 14s.
58 As imagens são de William Gibson, citado por Buisine.
59 As redes de computação, como Deus, foram na sua origem concebidas indestrutíveis, imunes ao holocausto.

Ou substituí-las pelo *animal invisível* de Borges: "Anterior ao tempo ou fora do tempo (ambas locuções são vãs) ou em um lugar que não é do espaço, há um animal invisível, e talvez diáfano, que nós homens procuramos e que nos procura."

Em *La Révolution des fourmis*[60], um consagrado autor de ficção científica, Bernard Werber, narra a história de uma velha formiga em busca de contato com a sociedade humana a fim de propor uma aliança pela sobrevivência comum. Supunha que humanos e formigas podiam ajudar-se mutuamente e trocar conhecimento. O grupo humano contatado são colegiais que mantêm uma banda de rock e ocupam pacificamente o colégio com o fito de lançar através da Internet as bases de uma nova sociedade. Sua "ideologia" é uma salada de rock, ecologia, não-violência, nostalgia *New Age*, hippismo e esquerdismo sentimental – a mesma salada que sustentou por muitos anos Virgínia Mattos Guerra. Werber quer mostrar o paralelismo entre formigueiro e Internet e, por seu intermédio, demonstrar que só a evolução tranqüila, por obra e graça da informática, pode substituir as arriscadas utopias revolucionárias, intrinsecamente violentas. Que ensinamento pode nos dar o formigueiro?

> *Segundo suas elocubrações, a cidade-formiga é semelhante a uma comunidade hippie em que cada um faz o que lhe apraz, sem chefe, sem generais, sem sacerdotes, sem presidência, sem polícia, sem repressão, em que cada um é responsável por si mesmo, em que cada um é livre de empreender o que lhe passe pela cabeça sem que alguém, seja quem for, o julgue ou castigue*[61].

Ora, este ideal de formigueiro, quem pode realizá-lo na sociedade humana? A Internet, concluem aqueles colegiais, pois ela permite a criação de inumeráveis empresas-formigas, miniestruturas rapidíssimas, conectadas, capazes de se autodesmontar em caso de pro-

---

[60] Apud Buinise, Alain. *L'Ange et la souris*, p. 45.
[61] "À lire ses élocubrations, la cité fourmi est 'semblable à une communauté hippie où chacun fait ce qui lui plaît, sans chef, sans généraux, sans prêtres, sans président, sans police, sans répression et où chacun est responsable lui-même, chacun est libre d'entreprendre ce qui lui passe par la tête sans que qui que ce soit le juge ou le punisse." Ibid, pp. 45s.

blemas, rede de diminutos equipamentos, aberta para o exterior, liberta das determinações de espaço e tempo, irrigada por uma informação imediatamente disponível e capaz de se reconfigurar para se adaptar ao meio circundante.

Ficção científica de segunda, se pode pensar. Essa zoologização da análise social, no entanto, incrustou-se de tal forma no senso comum que mereceu de Joël de Rosnay[62] uma versão epistemológica — somos apresentados às "*fourmis virtuelles*" e a "*les choix démocratiques des abeilles*". Eis em suma o seu raciocínio:

> *A inteligência coletiva das formigas resulta da interação do comportamento de miríades de indivíduos respondendo a regras simples. O formigueiro é uma sociedade que constitui um macroorganismo de comportamento global inteligente. As redes de comunicação das sociedades de insetos forma uma 'rede nacional', uma inteligência coletiva capaz de resolver os problemas que se apresentam à comunidade. Por exemplo: encontrar o caminho mais curto para chegar a uma fonte de alimento e trazê-lo para o formigueiro; consertar a estrutura de sua moradia destruída pelas intempéries ou por um predador; isolar as formigas mortas das vivas. [...] Vê-se progressivamente tomar corpo uma abordagem geral dos mecanismos de auto-organização, uma abordagem que parece pertinente aplicar às sociedades humanas, a fim de aclarar a visão perspectiva das formas possíveis de sua organização*[63].

Estamos diante da Grande Tarefa (a expressão é minha) a ser realizada pelo Cérebro Planetário, a que cada homem, em interface

---

[62] *L'Homme symbiotique*.
[63] "L'intelligence collective des fourmis, résulte de l'interaction du comportement de myriades d'individus répondant à des règles simples. La fourmilière est une societé qui constitue un macro-organisme ayant un comportement global intelligent. Les résaux de communication des sociétés d'insectes forment un 'réseaux neuronal', une intelligence collective susceptible de résoudre des problèmes se posant à la communauté. Par exemple: trouver le chemin le plus court pour se rendre à une source de nourriture et la ramener à la fourmilière; réparer le dôme de leur habitation détruit par les intempéries ou un prédateur; isoler les fourmis mortes des vivantes. [...] On voit progressivement prends corp une approche générale des mécanismes d'auto-organisation, une approche qu'il semble pertinent d'appliquer aux societés humaines a fin d'éclairer la vision prospective des formes possibles de leur organisation." Buisine, Alain. *L'Ange et la souris*, pp. 48s.

O Livro de Virgínia 125

com seu computador, estará conectado como um neurônio ao sistema nervoso central. Como nada ficará fora dele, realiza-se, enfim, o sonho totalitário. Essa pavorosa superconsciência cibernética é a que foi prevista por McLuhan, entre outros, há trinta anos:

No próximo século, a Terra terá a sua consciência coletiva suspensa sobre a face do planeta, em uma densa sinfonia eletrônica, na qual todas as nações – se ainda existirem como entidades separadas – viverão em uma teia de sinestesia espontânea, adquirindo penosamente a consciência dos triunfos e mutilações de uns e outros. Depois desse conhecimento desculpam-se. Já que a era eletrônica é total e abrangente, a guerra atômica na aldeia global não pode ser limitada [64].

---

[64] McLuhan, Marshall and Powers, Bruce R. *The Global Village*, p. 95.

UM CÃOZINHO CHAMADO ZEN

Em 1970, ao regressar da "viagem" em Arembepe, Virgínia foi residir em casa da mãe. Tinha dois filhos pequenos – os gêmeos que daí a pouco seriam assassinados pelo pai – e mostrava-se disposta a nova vida. Seu inglês fluente, sua beleza perfeita, garantiram-lhe sem esforço um emprego de secretária na Bolsa de Valores de São Paulo. "Olha lá o que o vento faz com o jornal/ traga ele a notícia que for..." é uma letra de Tim Maia. Boa epígrafe para o que então sucedeu.

Em 1970, uma das centenas de siglas revolucionárias era a POLOP (Política Operária). Certo João Eduardo Melias, 25 anos, seu dirigente, refugiara-se na França. Ocorre que a repressão passou a vigiar a casa da família, em Santos, vinte e quatro horas. Confiado, assim que retornou Melias foi visitar a mãe. Esta, embora saudosa, exigiu que ele partisse imediatamente. Melias insistiu em ficar mais um dia: o poodle, sua paixão de adolescente, estava doente. Foi preso aquela madrugada. O que teve Virgínia com a história? Algum tempo antes ela concordara em alugar uma caixa postal para Melias (ex-colega dela e de Iara Iavelberg no cursinho em que lecionara inglês). Não parecera a Virgínia nada de desonesto nem perigoso. Não "sentia", mas também nada tinha contra a luta revolucionária. O desfecho é que João Eduardo Melias não voltou da Operação Bandeirantes. O pau-de-arara causara-lhe uma trombose e os torturadores não autorizaram a amputação das pernas que podia salvá-lo. Virgínia foi presa ao chegar para o expediente na Bovespa. Conheceu um dia e uma noite na rua Tutóia[65]. Para ela, contudo, a história não

---

[65] Endereço da Operação Bandeirantes em São Paulo (DOI-CODI, II Exército).

terminara. Saindo do inferno, foi pedir à família que lhe desse o cãozinho. Trocou-lhe o nome para Zen. Zen foi a única testemunha da tragédia seguinte: quando Waldir chegou para exterminar seus filhos gêmeos só o poodle o recebeu. Depois, seguiu com Paulo e Virgínia para Lyon. Descansa em solo estrangeiro desde 1980.

Nenhuma dificuldade em entender por que Virgínia o batizou de Zen. Quando ela chegou aos Estados Unidos (1960) a palavra japonesa "de som sibilante e pungente" estava em todos os lábios. Essa antiga modalidade de budismo, presente há séculos nas culturas japonesa e chinesa – na esgrima, no tiro com arco, no chá, no arranjo de flores, na arquitetura, na pintura, na poesia... –, começará a colonizar os mais distantes discursos críticos: zen e a *beat generation*, zen e a psicanálise, zen e a música de vanguarda, zen e a pintura informal, zen e a filosofia de Wittegenstein, zen e Heidegger, zen e Jung e, como, se não bastasse, zen e Shakespeare, Milton, Wordsworth, Tennyson, Shelley, Keats, os pré-rafaelistas...[66] No entanto, Virgínia não precisaria estar em Nova York no inverno daquele ano – ela assistiu pelo menos a uma conferência do guru eletrônico dr. Daisetz Teitaro Suzuki – para aderir à onda: o zen aportou a São Paulo, Rio e Salvador imediatamente[67]. Que elementos da "filosofia" zen casavam, afinal de contas, com a conjuntura ocidental?

Primeiro, sem dúvida, o seu antiintelectualismo: "... O zen quer que vocês tenham a coisa em si, *the thing itself,* sem comentários."[68] Conta uma história budista que entre os discípulos do Mestre havia um que só falava com o indicador em riste. A frase mais banal, sobre o tempo por exemplo, ele a sublinhava com o dedo. Certa manhã ao entrar no refeitório, Buda lhe perguntou como dormira à noite. O sujeito levantou o dedo, Buda pegou a faca do pão e decepou-o. Naquele instante o sujeito virou buda. Esse homem é o Ocidente: ele precisa chegar ao extremo da presunção para se iluminar.

---

[66] Eco, Umberto. *Obra aberta,* pp. 204s.
[67] Consta que o zen-budismo foi introduzido no Brasil por Nelson Coelho entre 1959 e 61. *Introdução ao zen-budismo,* do notório D. T. Suzuki, foi publicado em 1961 pela Civilização Brasileira.
[68] A definição é de V. Alan Watts. Apud Eco, Umberto. *Obra aberta,* p. 222.

Paulo talvez conhecesse uma página de *O turista aprendiz*, de Mário de Andrade, 1928-29, em que este revela (sem nomear) a atitude zen que colonizaria os intelectuais de vanguarda após a Grande Guerra. Mário visitava o museu Goeldi e o diretor lhe mostrou o almoço de um jacaré-açu. O bicho monstruoso estava imóvel, espiando-os entredormido. O empregado atirou um pato mais de meio metro por cima da água, o jacaré fez nhoque! Abocanhou o pato e afundou no tanque raso – Mário percebeu, na clareza da água, o pato atravessado na bocarra verde. Nem jacaré nem pato se mexiam. Não houve efusão de sangue, não houve gritos nem ferocidade. Foi um nhoque simples e "o espírito de Deus voltou a se mover sobre a face das águas":

> *Aquele bote do jacaré me deixou num estado de religiosidade muito sério. Palavra de honra que senti Deus no bote do jacaré. Que presteza! Que eternidade incomensurável naquele gesto!, e, sobretudo, que impossibilidade de errar! Ninguém não errará um bote daquele e, com efeito, o pato lá estava, sem grito, sem sangue, creio mesmo que sem sofrimento, na boca do bicho. Uma surpresa grande e um delíquio, do qual passara pra morte sem saber. E da morte pra barriga do jacaré.*
>
> *E o jacaré-açu tão quieto, com os olhos docinhos, longe e puro, tinha um ar de anjo. Não se imagine que chego à iniciativa de povoar os pagos celestes com jacarés alados. Não é questão de parecença, é questão de 'ar': o jacaré tinha ar de anjo. Percebi no nhoque, invisível de tão rápido, aquele conhecimento imediato, aquela intelecção metafísica, atribuída aos anjos por São Tomás. Eh, seres humanos, a superioridade dos irracionais sobre nós reside na integridade absolutamente angeliforme do conhecimento deles. É fácil falar: jacaré intuiu pato e por isso comeu pato. Está certo, porém nós seccionamos em nós mesmos a sensação, a abstração, a consciência e, em seguida, a vontade que deseja ou não deseja e age afinal. Nos falta aquela imediateza absoluta que jacaré possui, e que o angeliza. O bicho ficou, por assim dizer, pra fora do tempo naquele nhoque temível. Ver pato, saber pato, desejar pato, abocanhar pato, foi tudo um. O nhoque nem foi um reflexo, foi de deveras concomitân-*

cia, fez parte do próprio conhecimento. Por isso é que percebi o ar de anjo do jacaré-açu.
Passou um quarto de hora assim. Então, com dois ou três arrancos seguidos, o jacaré ajeitou a comida na bocarra, pra começar o almoço. A água se roseou um bocado, era sangue. Isso me fez voltar daquele contato com a Divindade, a que me levara o bote do bicho. Senti precisão de me ajeitar também dentro do real, e, como era no museu Goeldi, fui examinar a cerâmica marajoara.
Nossa vingança terrestre é que o jacaré, com a intuição extemporânea, não gozara nada. Só mesmo quando a água principiou roseando é que possivelmente o jacaré terá sentido o gosto na comida. Gostou pato. Gostou de pato, como também a gente abre os olhos e enxerga um desperdício de potes coloridos. A gente exclama 'Que boniteza!' com a mesma fatalidade com que o jacaré-açu... conheceu 'É pato' e nhoque. Com a mesma fatalidade, mas não da mesma forma porém. Nossa racionalidade humana permitiu abstrair dentro do tempo e dos conhecimentos adquiridos, e designar a boniteza da cerâmica marajoara. Mas essa boniteza será para cada qual, uma, e para cada qual diversa e opípara. O jacaré jamais gozará pato nesta vida. O que pra nós é Verdade, Verdade vária e difícil, pra ele não passará nunca de Essencialidade, sempre a mesma e irredutível. Falta princípio de contradição pro jacaré, e eles serão eternamente e fatalizadamente... panteístas. Só em nós, além de gosto, bate o gozo do sangue na língua. E a vida principia a ser gozada[69].

O sentimento de descontinuidade – esses terrenos baldios que a Modernidade foi deixando atrás de si – embora anterior, vinha, com efeito, crescendo rapidamente desde a metade dos anos 50. Categorias como ambigüidade, insegurança, possibilidade, probabilidade, entravam no vocabulário comum. Outro modo de encarar a vida que não o zen poderia ocupar os terrenos baldios? Eis as suas credenciais: idade venerável, prestígio do "Oriente" e um *insight*: o problema do homem não é que ele quer definir o mundo e *não consegue*, é

---
[69] Andrade, Mário de. *Obras completas*, p. 171.

que ele quer defini-lo e *não deve*[70]. O budismo enquanto tal – "subtrair-se ao fluxo da vida para desvanecer na inconsciência do Nirvana como nada" – era candidato, sem dúvida, mas tinha menos glamour que uma modalidade que propunha "aceitar todas as coisas, ver em cada uma delas a imensidade do todo".

Nos Estados Unidos, a onda partiu-se em duas: *square zen*, a ortodoxa, trabalhosa, quase prussiana, exigindo horas esquecidas na posição de ioga, controle da respiração (o "Respiro, logo existo"); e a *beat zen*, quase anarquista, individualista, vagabunda, poética, alérgica ao *american way* – a dos Kerouac, Ginsberg, Ferlinghetti. Mosteiro japonês *versus* Charlie Parker. A escritura zen da San Francisco Renaissance, uma nova Santa Loucura, no dizer de Jack Kerouac, consiste em ir direto às coisas, "puramente", "concretamente", "sem abstrações nem explicações". Como não associar isso às seguintes declarações de Paulo Coelho?

> *Há um aspecto fundamental na história do meu sucesso. Ele veio mostrar uma coisa para a qual se fecha os olhos: o povo brasileiro gosta de ler. Quando comecei a vender no Brasil – e eu vendi muito, milhões de livros – isso ficou patente. [...] Outra coisa que ficou patente foi o total distanciamento da realidade de certos escritores. [...] De alguma forma não souberam se comunicar. [...] Existe todo um fascismo cultural de que toda pessoa que consegue se comunicar com o povo não sabe escrever. Essas pessoas que pregam a grande democracia acham que o povo é burro. Às críticas reajo com a consciência de que sou bom e de que o mundo me acha um bom escritor*[71].

Estamos, assim, diante do que Lucien Goldmann chamou "conteúdo de idéias" – a categoria que lhe permitiu superar a "teoria do reflexo" mantendo o princípio da materialidade das criações do espírito: os fatos culturais se tornam inteligíveis não diretamente pela luta de classes, mas pela "atmosfera" quase autônoma que aquela vai

---

[70] Eco, Umberto. *Obra aberta*.
[71] *Jornal do Brasil*, Revista de Domingo, 31/8/1997.

precipitando[72]. Esse precipitado tem de ser isolado e nomeado, genericamente, a cada vez. Para o fim dos anos 50, podia ser identificada, salvo melhor expressão, como "não-definição de nossa posição no mundo"[73].

Estudando a voga de kung-fu, entre 1973 e· 74, Muniz Sodré situa o zen-budismo como seu antecedente histórico imediato, ao lado do movimento hippie, da beatlemania, de Herman Hesse[74] etc. Afirmavam todos eles um conteúdo de época: *o poder da mente e do aprendizado espontâneo*. Esse poder se conjugou ao *pacifismo* ou *não-agressão*, conseqüente à guerra do Vietnã; ao *neopanteísmo* (dos hippies, *drop-outs*, ecologistas etc.); e à *revalorização do corpo* (exercícios, lutas orientais, adestramento dos sentidos). Paulo conhecia essa tese de Sodré e acreditou que, guardadas as proporções, aqueles antecedentes explicariam também a "explosão ocultista" que afetou sua mulher. Anotou em seu caderno: "PC, este kung-fu das letras."[75]

Faltava, no entanto, pensar a vertente brasileira do fenômeno – por aqui não havia Charles Parker nem *drop-outs* (salvo de segunda mão).

Gabriel Cohn escreveu sobre o jazz: "O jazz é moderno ou arcaico? Nem um nem outro tomado isoladamente. Mas quando propõe ser só moderno, sem tematizar seu componente arcaico, a sua aparente modernidade torna-se ideologia."[76] Pode se dizer o mesmo do ocultismo. Sua voga aqui teve a ver com o arcaísmo essencial da nossa sociedade, seus "consumidores" são arcaicos recentemente promovidos a (ou em transição para) modernos. Se é fato que o bando de anjos, gnomos e bruxos que esvoaçou sobre nós é sinal da nossa globalização – nada liga melhor o Brasil hoje ao mundo do que o esoterismo –, é uma integração pelo arcaísmo. Arcaísmo transnacional.

---

[72] Goldmann, Lucien. *Sociologia do romance* e *Marxisme et sciences humaines*.
[73] "Quando um crítico se refere à assimetria e à abertura zen, podemos mesmo adiantar ressalvas filológicas; quando um pintor exibe justificativas em termos zen, podemos desconfiar da clareza crítica de sua atitude: mas não podemos negar uma fundamental identidade de atmosfera, uma referência comum ao movimento como não-definição de nossa posição no mundo. Uma autorização da aventura na *abertura*." Eco, Umberto. *Obra aberta*, p. 211.·
[74] Sodré, Muniz. *Teoria da literatura de massa*.
[75] Caderno "Em torno a Paulo Coelho: idéias e intuições" (Pasta D).
[76] Cohn, Gabriel (org.). *Theodor W. Adorno*, p. 19.

ESOTÉRICOS E PENTECOSTAIS

O sucesso internacional de Paulo Coelho começava pois a se decifrar para Paulo. Meu triste amigo provinha de família pentecostal e é possível que tenha percebido, a essa altura, o vínculo entre este e o esoterismo. "O pentecostalismo e o ocultismo fazem *pendant* – anotou no seu caderno –, ambos de ascensão vertiginosa, o primeiro para os pobres, espécie de 'saída pela esquerda', o segundo para a classe média, 'saída pela direita'."[77] O que precisamente queria dizer?

Da infância em Catolé do Rocha ele guardara duas impressões fortes: velhos de alpargata, dentes podres, falando de Lampião; e cultos da Assembléia de Deus. Há um manuscrito seu – *Transportes* – que são memórias ficcionadas do tempo em que, sentado em bancos estreitos da igreja, assistia aos transes de parentes e vizinhos. As mesmas mulheres que fugiam com homens de dentes de ouro... Mário de Andrade passou em Catolé do Rocha, conheceu uma mulher daquelas:

---

[77] Em 1991, a CNBB informava o número de pentecostais no país: Assembléia de Deus (10 milhões), Congregação Cristã do Brasil (2 milhões), O Brasil para Cristo (1 milhão), Evangelho Quadrangular ou Cruzada Nacional de Evangelização (300 mil), Igreja Universal do Reino de Deus (500 mil). O levantamento cobre só as principais denominações, há centenas de outras. O crescimento acelerou-se de lá para cá, e os crentes da Universal terão quando menos triplicado. Para comparar, o número de católicos na mesma ocasião era de 115 milhões; os protestantes de corte tradicional perto de 10 milhões. "A terceira onda (de implantação de igrejas pentecostais) começa no final dos anos 70 e ganha força nos anos 80. Sua representação máxima é a Igreja Universal do Reino de Deus (1977), e um outro grupo expressivo é a Igreja Internacional da Graça de Deus (1980). Novamente, essas igrejas trazem uma atualização inovadora da inserção social e do leque de possibilidades teológicas, litúrgicas, éticas e estéticas do pentecostalismo." Freston, Paul. *Uma breve história do pentecostalismo brasileiro*, p. 108.

Afinal às 17 entramos em Catolé do Rocha, com a procissão do orago, rojões, gente bêbada e mendigos. Mas a cidade está desfalcada. Cerca de 1.100 famílias da zona foram pra S. Paulo. 'Vam'bora pro sul!...' Este refrão vai me perseguindo com amargura. 'E só fala agora em ir pra S. Paulo' acrescentou o informante...

Toda a gente se move, cordial, pra descobrir alguma garrafa de guaraná pra nós. Não há. Acabou no leilão. Caímos na cerveja.

Catolé do Rocha, capital do cangaço paraibano, é meia espandongada no jeito, com duas praças grandes, contíguas e em plano diferente. Um conventinho muito bonito em barroco simples. Lá num morro a capelinha é uma gostosura de estrela que o Sol faz.

Na sombra das casas um carrinho de mão tem uma aleijada dentro. É moça ainda, feição de boba. Traços até bonitos, dentadura linda sempre à mostra brilhando na baba escorrendo. As moscas escolheram a boca da moça pra pousar. Quando atormentam demais, a boba limpa a boca no ombro e recomeça babando e rindo. Não sabe falar, só sabe rir. As pernas são cordas vermelhas atiradas por aí, dentro do carrinho. Junto dele está uma velha sentada no chão, coberta quase a cara toda com o chale. Chale de lã! Quando a esmola cai na cuia, a boba pega o dinheiro depressa e dá pra velha. Então esta canta um 'bendito' de gratidão. Tem a voz nítida e o bendito musicalmente é maravilhoso. Alimentamos a continuação dele com esmolas enquanto pego o meu caderno pautado, e anoto a cantiga. O povo me cerca sarapantado, bêbados, meninos, mulheres, tudo espiando o caderno esquisito. Só mesmo a boniteza do canto me sustenta no escândalo.

'Deus li pague a santa esmola
Deus li leve no andô,
Acumpanhado di anjo
Acirculado di flô,
Assentado à mão direita,
Aos péis di Nosso Sinhô!'

Termino de anotar a melodia e fico maravilhado contemplando a simplicidade genial dela. Que perfeição de linha, que equilí-

brio de composição! E que desmentido pra certas teorias. Canto em maior e rápido e apesar disso duma dor magnífica, pobre, mesquinha, triste mesmo[78].

Transporte ou transcendência, ele sempre pensou que devia haver uma para ricos, outra para pobres – para os primeiros o passivo e individualista (esoterismo); para os segundos o ativo e comunitarista (pentecostalismo). Só com este Paulo Sarmento Guerra simpatizava. Isso não tem necessariamente a ver, no entanto, com as categorias *direita* e *esquerda*, que não teve tempo ou vontade de desenvolver. Tentei então remontar o seu pensamento.

Na visão convencional o pentecostalismo é de direita. Não uma direita parlamentar ou partidária, uma vez que, desde 1910 (Congregação Cristã do Brasil) até os anos 80, se caracterizou pelo apoliticismo[79], mas direita como "conservadorismo ativo" – uma retórica de "valores cristãos" e demandas tradicionais, moralistas. "Erguendo-se em guardiães da moralidade privada, os evangélicos [pentecostais], embora minoritários, conseguem falar com plausibilidade em nome da 'maioria moral'. Por isso se constituem numa 'nova direita cristã', em clara comparação com os Estados Unidos."[80] Além do mais, o crente pentecostal vota tradicionalmente conservador, sobretudo nos últimos anos (antes da morte de Paulo Sarmento Guerra), quando o lema "irmão vota em irmão" substituiu o tradicional "crente não se mete em política".

Suponho que Paulo não estaria satisfeito com esse diagnóstico, isso não era tudo. Não era um especialista, mas devia saber que a idéia de um pentecostalismo necessariamente alienante, ou mesmo conservador, *em decorrência da sua doutrina*, não se sustentava[81]. Ele

---

[78] Andrade, Mário. *Obras completas*, p. 293.
[79] O ramo mais forte, a Assembléia de Deus, é de 1911. "Os pentecostais, distinguindo-se sociologicamente pela evangelização direcionada quase exclusivamente para as camadas pobres, caracterizaram-se por uma auto-exclusão da política, exceção feita a algumas incursões eleitorais da igreja *O Brasil para Cristo* antes de 1964." Freston, Paul. *Evangélico na política brasileira*, p. 28.
[80] Freston, Paul. *Uma breve história do pentecostalismo brasileiro*, p. 36.
[81] Ibid, p. 38.

vivera a experiência pentecostal quando menino – prevalência do gesto sobre a palavra, o dom de falar línguas, o êxtase dos corpos e das almas, a certeza, a submissão, a transcendência... Vira os pobres trabalharem para ricos por serem pentecostais. Mas, nesse caso, trabalharem igualmente *para si*.

Com efeito, os aspectos doutrinários do pentecostalismo são mínimos. Nenhum saber formal, intelectual e científico se exige do pastor; nenhum curso de teologia ou de formação superior. O que se pede deles é conhecimento intensivo da Bíblia, pela leitura constante de certas passagens, as que tratam do final dos tempos, proliferação de falsos profetas, o Anti-Cristo, o milênio, a segunda vinda do Messias etc.[82] Evitam-se, com rigor, os pecados, as diversões mundanas (em casa de Paulo, quando menino se proibia até o rádio), os prazeres sensuais – é o "apartamento das coisas do mundo". Tudo isso, terá concluído Paulo, como reação à *modernização*, entendida como perversão da Modernidade, levaria ao triunfo da "jaula de ferro". Feurbach, um pensador esquecido, muito antes de Durkheim negava ser a religião uma ilusão – onde estão os homens está a religião, que não se refere a Deus mas àqueles[83]. Por essa via, Paulo concluiria ser o pentecostalismo protesto de oprimidos contra as contradições que os empobreciam e maltratavam do berço à sepultura.

Até aí morreu neves. O que Paulo também acabaria por recusar (na minha hipótese) é a visão do *boom* pentecostal como ajustamento "à sociedade urbana devido a uma situação de anomia". Fosse uma religião de ajustamento seria "de direita". Mas não. Para começar, os pentecostais revivem, na atual sociedade de consumo, o catolicismo popular, aquele que tanto encantou Gilberto Freyre, feito de criatividade, paganismo e liberdade. O crente, o "bíblia" de hoje é o leigo de ontem.

Entendo o revival *pentecostal como forma de 'clamor dos pobres'. É recusa da submissão da vida ao poder da racionalização instrumen-*

---

[82] Guimarães, José Eugênio. *Razão e religião*, pp. 10s.
[83] Ver Feurbach, Ludwig. *La Essencia del cristianismo* e Durkheim, Émile. *As formas elementares da vida religiosa.*

talizadora tão temida por Weber. Os marginalizados do sistema, frente à totalidade fechada e opressora da Modernidade e de racionalização, clamam aos céus. Não é à toa que a Bíblia tem tanta importância no pentecostalismo[84].

---

[84] Guimarães, José Eugênio. *Razão e religião*, p. 31.

SEPARAÇÃO

Apesar do esforço intelectual de Paulo por compreender Virgínia, havia a vulgaridade das coisas que ela transava. Por exemplo, desde 1993 a mulher não batia porta atrás de si e cuidava para ele não bater também: temor a imprensar seu anjo da guarda. A mania dos anjos, no entanto, irritava-o menos que a sua alimentação "natureba", o não-proselitismo de Virgínia soando para ele como a pior das censuras. A contradição de Paulo com seus colegas de departamento – sobretudo o seu desgosto pelo abandono do aluno – o impulsionou, entretanto, desde 1995, a ser compreensivo com o "caso Virgínia" (seu esoterismo, o gosto literário "estragado" etc.). Ao retornar de Lyon, meu amigo se viu num fogo cruzado: não era compreendido (pelos colegas) e não compreendia (Virgínia). O resultado foi a solidão. Os colegas lhe cobravam o "curso espontâneo" (principalmente as notas generosas que distribuía), Virgínia lhe cobrava espiritualidade, punindo-o com desinteresse sexual. Angustiava-o não conseguir em última instância fazer a crítica marxista (sic) das propensões da mulher.

Não concordando mais, a certa altura, com os diagnósticos de "consciência invertida do mundo", "epifenômeno social", "falsa consciência" etc., passou a encarar toda sacralização como racionalização ela própria. Transcreveu em seu caderno a esse respeito trecho de um comentador de Weber:

'Racional' na sociologia de Weber, tem também outros significados: (a) invoca a imagem do mundo concebida por um pensador sistemático que impõe um domínio cada vez mais teórico da realidade através de conceitos cada vez mais precisos, abstratos e secularizados.

Simboliza a Razão dos iluministas. (b) Realização metódica de um fim precisamente dado e prático por meio de um cálculo cada vez mais preciso dos meios adequados. É a razão instrumental. (c) Em sentido exclusivamente religioso, 'racional' quer dizer uma disposição sistemática e claramente orientada para metas fixas de salvação[85].

Paulo descartara também, embora não integralmente, a idéia de religião como neurose, impotência da mente primitiva em conceber o mundo de forma lógica e racional, espécie de infantilismo psíquico; nele o psíquico preencheria todo o espaço e todo o tempo, acabando por narcotizar o indivíduo. O religioso seria, pois, "um rebelde que ainda não se reconciliou com a realidade"[86]. Fora diretamente a Freud saber em que consiste para este a religiosidade. Encheu seu caderno de anotações sintéticas como esta:

> *Quanto às necessidades religiosas, considero irrefutável sua derivação do desamparo infantil e da nostalgia do pai que aquele suscita, tanto mais que este sentimento não se mantém simplesmente desde a infância, mas é reanimado sem cessar pela angústia diante da onipotência do destino. Ser-me-ia impossível indicar alguma necessidade infantil tão poderosa quanto o amparo paterno. Com este, passa ao segundo plano o papel do 'sentimento oceânico' que poderia tender, por exemplo, ao restabelecimento do narcisismo ilimitado. A gênese da atitude religiosa pode ser traçada com toda clareza até chegar ao desamparo infantil. É possível que aquela oculte ainda outros elementos; mas, por enquanto, esses se perdem nas trevas*[87].

Paulo lera comigo, ainda estudante na rua do Ouvidor, a biografia de Ramakrishna, de Romain Rolland. Encontrei este recorte, sem identificação, preso com clip em seu "Paulo Coelho: idéias e intuições":

---

[85] Gerth, H. H. e Millo, Wright. *Max Weber: Ensaios de sociologia*. Nota de Paulo sem indicação de página.
[86] Alves, Rubens. *O suspiro dos oprimidos*, p. 84.
[87] Freud, Sigmund. *Obras completas*, T. III, p. 3022.

Era na biografia de Ramakrishna que Romain Rolland estava trabalhando quando escreveu para Freud em 1927, dizendo que embora tivesse achado justas as suas análises da religião (in O futuro de uma ilusão), teria preferido que fizesse 'uma análise dos sentimentos religiosos espontâneos ou, mais exatamente, das sensações religiosas que são inteiramente diferentes da religião propriamente dita, e bem mais duradouras'. Rolland prosseguia chamando esta sensação de 'oceânica', sem limites perceptíveis, e mencionando dois indianos que tinham experimentado estes sentimentos e 'manifestado um gênio para o pensamento e a ação poderosamente regenerador para seu país e para o mundo'. Rolland acrescentou que ele mesmo sempre achou que o sentimento oceânico era uma fonte de renascimento vital.

A resposta de Freud a Romain Rolland, sua análise do 'sentimento oceânico' foi detalhada a seguir em Mal-estar na civilização. É altamente provável que o próprio termo 'sentimento oceânico' tenha sido criado por Ramakrishna para descrever o inefável. Por exemplo, uma das metáforas mais freqüentemente repetidas por Ramakrishna é a da boneca de sal que tenta medir a profundidade do oceano: 'Ao entrar no oceano ela começa a derreter. Quem então poderá voltar e dizer a profundidade do oceano?' É claro, o oceano, como um símbolo da uniformidade e da unidade sem fronteiras na qual as multiplicidades se dissolvem e os opostos se fundem, não somente remete aos Upanishades da tradição hindu, mas é uma das metáforas preferidas dos místicos devocionais para a fusão das fronteiras do ego, tanto na tradição budista quanto na cristã ou na muçulmana. Os místicos cristãos, por exemplo, têm usado com grande paixão a metáfora que diz: 'Vivo no oceano de Deus como um peixe no mar.'

A reação de Freud a Ramakrishna, como em geral em relação à 'Mãe Índia', foi de mal-estar. Apesar do seu interesse profissional, os êxtases pujantes de Ramakrishna, se não lhe desagradavam inteiramente, afastavam-se tanto da sua sensibilidade quanto a visão emaranhada de carne, o fluxo labiríntico do animal, do humano e do divino na arte indiana. Ao acusar o recebimento do livro de Rol-

land sobre Ramakrishna, Freud escreve: 'Guiado pelo senhor, tento agora penetrar na selva hindu de onde até agora tinha me afastado uma certa mistura de amor grego pela medida, de sobriedade judaica e de timidez prosaica. Eu realmente devia ter me dedicado a isto antes, pois as plantas deste solo não deveriam me ser estranhas; eu já cavara até uma certa profundidade para encontrar suas raízes. Mas não é fácil ir além dos próprios limites.

Paulo também superara, havia algum tempo, a "teoria do reflexo", com a ajuda de categorias propostas por Goldmann[88] e, sobretudo, com as "provocações" do clássico *A sociedade do espetáculo* de Guy Debord de 1997. A "teoria do reflexo" (ou superestrutura) parecia boa não fossem dois ou três "esqueletos no armário". Este, por exemplo, que apavora o mundo há dois séculos: como fazer para que os pobres trabalhem quando a ilusão é desenganada e a força se desagrega? A persistência da pergunta (que pode ser recalcada, é claro) é que tornaria insuficiente a categoria "superestrutura" do materialismo. Não "errada" (Paulo se dava conta), mas insuficiente. A insuficiência se faz perplexidade, como se vê nesta fórmula: a economia transforma o mundo, mas o transforma apenas em mundo da economia[89].

Anton Tchecov escreveu em algum lugar que a chave dos seus personagens era a maneira como se alegravam. Virgínia *se alegrava* com a descontinuidade, o fluxo, a vida sem explicação, o indizível, a incerteza, a epifania. "Sou quem falhei ser./ Somos todos quem nos supusemos./ A nossa realidade é o que não conseguimos nunca." – Esses versos de Álvaro de Campos teriam sido escritos para ela. Copiara uma história budista, a pirógrafo sobre couro, para presentear o marido:

---

[88] "A ideologia é ideologia, ou seja, aparência socialmente necessária, precisamente porque a consciência que produz nos integrantes da sociedade se atém à sua forma já acabada – a única que aparece. [...] Na linguagem de Adorno a ideologia apresenta os dados da experiência social como *imediatos*, como dados sem mais, quando na realidade são *mediados* por um processo que os produziu. [...] Sua falsidade (da ideologia) lhe é intrínseca, não resulta de qualquer instrumentalização por terceiros. Por isso mesmo, aquilo que tem de falso e também o que tem de verdadeiro – toda ideologia tem o seu "momento de verdade", insiste Adorno – só é acessível a uma crítica imanente, que a apanha por dentro." Cohn, Gabriel (org.) *Theodor W. Adorno*, p. 11.
[89] Ibid, p. 11.

De torna-viagem um discípulo procurou o Mestre para contar o que vira de novo. Elogiou profusamente o governador Wan Li, da província de O. "É um homem muito sábio, pois pensa muitas vezes antes de tomar uma decisão." Buda lhe respondeu: "O governador Wan Li é um idiota, pois para tomar uma decisão basta pensar duas vezes."

Já a alegria de Paulo consistia em organizar tudo aquilo – o fluxo, a incerteza... – num sistema claro e didatizável. Ele cria na história, era um tipo sorumbático no fundo; ela era alegre, não acreditava, ou antes acreditava no cosmos. Por muito tempo (os cinco primeiros anos de seu casamento), Paulo temeu a sexualidade de Virgínia, sua nudez, sua permanente disponibilidade para a cama[90], sem entender que era menos libidinagem que "sacralidade da natureza"[91]. Numa de suas separações, Virgínia lhe deixou, pregado na cabeceira da cama, um bilhete cortante. Encontrei-o entre seus papéis, quando já não viviam:

... Existe um grande perigo em mim, pois quem não compreende estas runas fará uma grande falha. Ele cairá dentro do mundéu chamado Por quê, e lá ele perecerá com os cães da Razão.
Agora uma maldição sobre Por quê e seus parentes!
Seja Por quê amaldiçoado para sempre!
Se a Vontade pára e grita Por quê, então Poder é fraqueza.
Também a Razão é uma mentira, pois existe um fator infinito e desconhecido, e todas as palavras dele são meandros.
Basta de Por quê! Seja ele danado para um cão!

---

[90] Embora, segundo ele, seu orgasmo fosse lento e ocasional.
[91] Paulo conheceria este trecho de Eliade: "A importância da nudez cerimonial e das relações sexuais rituais não deve ser interpretada simplesmente como manifestações libidinosas. A revolução sexual recente tornou obsoletos tais tipos de hipocrisia e farsa. Em vez disso, a nudez ritual e as práticas orgiásticas buscam recapturar o valor sacramental da sexualidade. [...] Em suma, todos os grupos ocultistas recentes têm por pressuposto, consciente ou inconscientemente, o que eu chamaria uma concepção otimista do modo de ser humano." Eliade, Mircea. *Ocultismo, bruxaria e movimentos culturais*, p. 69. No entanto, Guénon, 1937, talvez o principal representante do esoterismo moderno, se opõe a essa visão.

O LIVRO DOS DOIS

A primeira coisa que viu Paulo, quando voltava para casa, foi a negrinha Maria que, do alto de uma pedra, olhava para o alto mar. Ele gritou para ela da distância em que estava: "Onde está Virgínia?"

Bernardin de Saint-Pierre, *Paul et Virginie*

Por outro lado, ele se viu transtornado pela leitura de nossos romances da moda, plenos de costumes e máximas licenciosas; e quando percebeu que esses romances enfeixavam uma pintura verdadeira das sociedades européias, teve medo, não sem algum laivo de razão, que Virgínia fosse se corromper e esquecê-lo.

Bernardin de Saint-Pierre, *Paul et Virginie*

Alguns amigos tínhamos o hábito carinhoso, não sem ironia, de chamá-los Paul e Virginie, as personagens de Bernardin de Saint-Pierre (1737-1814), o discípulo de Rousseau que primeiro vazou em folhetim a idéia de que a felicidade consiste em viver segundo a natureza. Não acreditando em coincidência, Virgínia – a quem Paulo apresentara o romance certa tarde de duro inverno em Lyon – dizia que seus pais os destinaram um ao outro já na escolha dos nomes e que terminariam, por isso mesmo, tragicamente.

A história de Saint-Pierre se passa na antiga Île de France, hoje Maurice. Duas mulheres rejeitadas da sociedade tinham ido buscar refúgio num paraíso de ramagens exóticas, frutas, animais e gentes cálidas, parecendo respirar o primeiro ar da criação. As duas têm filhos naturais: Paul e Virginie. Os adolescentes se alimentam de mangas, mamões, abacaxis, presenteiam-se buquês de flores de maracujá. Basta esticar a mão para colher felicidade, só perturbada pela nuvem da escravidão:

> *Um domingo, ao romper da aurora, tendo suas mães saído para a missa matinal na igreja dos Pamplemousses, uma negrinha aquilombada apareceu sob as bananeiras que cercavam as casas. Estava descarnada como um esqueleto e só trazia como cobertura um trapo de pano grosseiro em volta da cintura*[1].

---

[1] "Un dimanche, au lever de l'aurore, leurs mères étant allées à la première messe à l'eglise des Pamplemousses, une négresse marronne se presénta sous des bananiers qui entouraient leur habitations. Elle était décharnée comme um squelette, et n'avait pour vêtement qu'um lambeau de serpillière autour des reins." *Paul et Virginie,* p. 18.

Uma tia de Virginie, rica e avara, num ataque de culpa manda trazê-la a Paris. Os jovens, que se amavam sem pecar, separam-se. Paul definha, pobre, virtuoso, amargurado, sem horizontes. Virginie muda, quase esquece o antigo idílio, as fontes umbrosas, as flores vermelhíssimas do campo, a palmeira consagrada por Paul aos seus amores de criança. Uma manhã (era exatamente 24 de dezembro de 1744), ao se levantar, Paul notou um pavilhão branco arvorado na montanha da Découverte: fundeara um navio do continente. Virginie regressara. O folhetim vai acabar, falta uma cena, a mais completa inverossimilhança, digna de novela das oito: uma tempestade afunda o *Saint-Géran* a poucos metros da praia. Paul se joga ao mar para salvá-la, ela abre os braços no convés. Paul não alcança o barco. Os marinheiros, um a um, jogam-se, menos o último:

No convés só restara um, completamente nu e musculoso como Hércules. Ele se aproximou de Virgínia com respeito: nós o vimos se atirar aos seus pés e mesmo tentar lhe despir as roupas, mas ela, empurrando-o com dignidade, desviou as vistas do rapaz. Logo se ouviram os gritos redobrados dos espectadores: "Salve-a, salve-a! Não a abandone!" Mas, naquele momento, uma montanha de água de assombroso tamanho cresceu entre a ilha de Ambre e a praia, avançou rugindo em direção ao navio, sitiando-o com seus flancos escuros e suas cristas espumantes. A essa terrível visão o marinheiro se atirou sozinho ao mar; e Virgínia, vendo a morte inevitável, pôs uma mão sobre os vestidos, a outra sobre o coração e, levantando para o alto seus olhos serenos, semelhou um anjo que alça vôo para os céus[2].

---

[2] "Il n'en restait plus qu'un sur le pont, qui était tout nu et nerveux comme Hercule. Il s'approcha de Virginie avec respect: nous le vîmes se jeter à ses genoux, et s'efforcer même de lui ôter ses habits; mais elle, le repoussant avec dignité, detourna de lui sa vue. On entendit aussitôt ces cris redoublés des espectateurs: 'Sauvez-la, sauvez-la; ne la quittez pas!' Mais dans ce moment une montagne d'eau d'une effroyable grandeur s'engoufra entre l'île d'Ambre et la côte, et s'avança en rugissant vers les vaisseaux, qu'elle menaçait de ses flancs noirs et de ses sommets écumants. À cette terrible vue le matelot s'élança seul à la mer; et Virginie, voyant la mort inévitable, posa une main sur ses habits, l'autre sur son coeur, et levant en haut des yeux sereins, parut un ange qui prend son vol vers les cieux." Ibid, p. 81.

Paul se deixou morrer dois meses depois.

Esse livro de Bernardin de Saint-Pierre comoveu gerações! Já a vida dos "nossos" Paul e Virginie não comoveu quase ninguém, como escrevi na introdução deste livro. Não foram vidas incomuns, nem espetaculares – salvo em um ou dois lances, como o massacre dos filhos de Virgínia. Meu amigo Paulo Sarmento Guerra era culto, talvez coubesse melhor dizer erudito, a terminação – *urus,* de onde vem cultura, implica como se sabe, projeto futuro, ideal a ser alcançado, mas sua dose de tudo isso acabara muito cedo, restando uma ferocidade irônica contra os colegas de academia, atenuada, sejamos justos, por um neomarxismo que apenas o tornava mais contundente. (Se ele vivesse aceitaria essa minha provocação, largaria umas horas de contemplar o seu "jacaré-açú-engolindo-pato" e arrasaria o meu diagnóstico.)

O Paul de Saint-Pierre era indiferente a livros como um *créole.* Para entender Virginie, corresponder-se com ela, aprendeu a ler e a escrever. Instruiu-se em geografia para ter uma idéia do país em que ela ia residir, em história para conhecer os costumes da sociedade em que ela ia viver, e mesmo em agricultura e formas de plantio – por amor:

> *Sem dúvida,* deduz Saint-Pierre, *é aos gozos que propicia essa paixão ardente e inquieta que os homens devem a maior parte das ciências e das artes; foi de suas provações que nasceu a filosofia, capaz de tudo consolar. Assim, tendo a natureza feito do amor o laço de todos os seres, converteu-o no primeiro móvel de nossas sociedades, o instigador de nossas luzes e de nossos prazeres*[3].

Mas eis que o estudo de geografia não têm gosto para Paul – em vez de nos descrever a natureza de cada país, só lhe apresentava as divisões políticas. A história, e sobretudo a história moderna, tam-

---

[3] "Sans doute, c'est aux jouissances que se propose cette passion ardente et inquiéte que les hommes doivent la plupart des sciences et des arts, et c'est de ses privations qu'est née la philosophie, que apprend à de consoles de tout. Ainsi la nature ayant fait l'amour le lien de tous les êtres, l'a rendu le premier mobile de nos societés, et instigateur de nos lumières et de nos plaisir." Ibid, p. 54.

pouco lhe interessou – uma seqüência de infortúnios coletivos e periódicos, cujas causas ele não discernia; guerras sem sujeito e sem objeto, intrigas obscuras; nações sem identidade, príncipes sem humanidade. Ele se dedicou, então, à leitura de romances que se ocupavam dos sentimentos e interesses dos homens, oferecendo-lhe por vezes situações semelhantes à sua. No *Telêmaco,* com seus quadros da vida no campo e das paixões naturais, ele encontrou em Antílope uma segunda Virginie com os desencontros e a ternura de Eucaris. Por outro lado, foi mexido pela literatura de romances da moda, best-sellers repletos de vícios e libertinagens e, quando soube que esses romances continham um retrato verdadeiro das sociedades da Europa, temeu, não sem razão, que Virginie pudesse se corromper e esquecê-lo.

Quem conheceu as duas Virgínias as vê parecidas. Eram ambas lesas – eis um adjetivo de há meio século. Lesa: que não se fixa direito em nada, cabeça oca, ligada em outra dimensão. A personagem de Saint-Pierre nunca valorizou o cerco de cuidados do amigo, não por maldade ou incapacidade de gostar; quando teve de partir, partiu, quando voltou não teve pressa em desembarcar e, quando o heróico marinheiro, nu e nervoso como Hércules, se ajoelha e lhe implora tirar a roupa para nadar, cruza os braços e morre. Tal como Virgínia de Mattos Guerra, nem para se salvar ficaria nua diante de Paulo. Na verdade não tinha qualquer idéia ou vontade de ser salva. Sua leseira só era menor que a sua soberba.

Volto à pergunta que abre este livro: o que as vidas de Paulo e Virgínia quiseram dizer que já não soubéssemos? Pressupomos que uma vida deva dizer alguma coisa, qualquer coisa, mas isso não pode ser demonstrado. Aceitemos que nos digam sobre o funcionamento da sociedade brasileira contemporânea, objetivo geral e permanente de todo ensaio em ciências sociais – o que converte, aliás, qualquer história das idéias, da comunicação, da literatura, da sexualidade, das relações raciais etc., em uma História do Brasil.

A vida de Virgínia abre pelo menos duas séries demonstrativas – séries no sentido de *new issues,* formações sociais que instauram tendências e geram discussão pública – da nossa atualidade: o ocultismo e a literatura de massa (e, logicamente, o seu fundo comum). O que tem a ver, por exemplo, a modalidade auto-ajuda com telenovela, esta com o romance policial, este com o romance midiático (tipo *O xangô de Baker Street*, de Jô Soares)? Quais os nexos entre literatura de massa e "cultura do populismo" (como se convencionou chamar o "conteúdo de idéias" da fase histórica brasileira dita "de substituição de importações")? Para descobrir e analisar esses nexos, a obra de Paulo Coelho – a que Virgínia se devotou nos últimos anos de vida – constitui um *corpus* extenso, disponível e sem solução de continuidade por vinte anos. Me limitei a explorar duas dessas formações, me apropriando sem cerimônia daquelas duas vidas.

E Paulo Sarmento Guerra de per si? A série demonstrativa que sua atormentada vida – pelo amor-ódio que teve a Virgínia – melhor abriu foi a crise do ensino universitário de letras no Brasil. Que crise? O fracasso manifesto em seu objetivo de formar leitores críticos (sic) de literatura, em nível superior e mesmo do magistério secundário. As razões desse fracasso, naturalmente, são muitas. Nem todos os implicados parecem dispostos a admiti-lo ou aceitar que se deva a uma razão estrutural: a contradição entre a idéia culta de literatura e a idéia social de literatura. Não é a contradição ela própria que provoca a crise, é a incapacidade política atual das instituições acadêmicas em solucioná-la pelo equilíbrio, ou pela sublimação, que paralisa a dinâmica social. O conflito entre as duas concepções de literatura aparece freqüentemente aos envolvidos (alunos e professores, críticos e leitores) mascarado sob a forma de mestres preparados *versus* alunos ignorantes, literatura como estrutura autônoma *versus* literatura como fenômeno de comunicação e assim por diante. Em todo caso, é o ensino da literatura, posto em xeque pela repulsa do intelectual Paulo Sarmento Guerra ao "gosto estragado" de sua mulher, que justifica, enquanto série demonstrativa, tomá-los como objeto de estudo.

No Monza negro que se espatifou contra um ônibus à primeira hora de 1997 havia dois livros, *O alquimista*, de Paulo Coelho e *As conseqüências da modernidade*, de Anthony Giddens – um emblema tão perfeito quanto o de Lima Barreto que morreu em 1922 abraçado a um volume da *Revue des deux mondes*. Àquela altura já não se ouviria da boca de Paulo que Coelho fosse subliteratura ou mesmo paraliteratura cujo sucesso, como queriam seus colegas de departamento, se devesse à ignorância e alienação gerais. Paulo o rebaixara (ou promovera?) de vez a literatura de mercado, cujo êxito se explicava pela utilização eficiente das suas normas e regras.

O que Paulo entendia por literatura (a literatura propriamente dita) e literatura de massa – cujo antecedente histórico é a literatura popular, tanto a oral quanto a impressa – creio ter sido satisfatoriamente descrito antes. Literatura culta é o que a academia, os departamentos de letras, a crítica especializada e os manuais dizem ser literatura; essa é a base institucional do conceito, os veículos através dos quais determinada idéia de literatura entrou em circulação social. De outro lado, literatura de massa é aquela que o mercado diz ser literatura; sua base material, ou institucional, são as editoras, as livrarias, os veículos de massa etc.

Paulo deduziu daí que o "caso" Paulo Coelho – em que veio, finalmente, desaguar a contracultura de Virgínia – devia ser compreendido à luz das atuais teorias da cultura e da comunicação de massa, sem esquecer, obviamente, a teoria crítica, conforme a praticam, por exemplo, entre outros, Antonio Cândido, Roberto Schwarz e Eduardo Portela. Ele viu que se tratava de um fenômeno contemporâneo (pós-moderno, se quisermos), impossível de ser analisado pelos instrumentos elaborados no tempo histórico anterior, a que ele próprio pertencia por formação intelectual e gosto (afinal convergentes). A sociedade de massa criou a literatura de massa e, ao mesmo tempo, os instrumentos para interpretá-la.

POSTSCRIPTUM

Ninguém sabe exatamente das duas últimas horas de Paulo e Virgínia. Recentemente, um casal de amigos, com quem foram à festa de Iemanjá, na passagem de 1996 para 1997, rememorou um estranho encontro. Naquele abraçar anônimo que caracteriza o clímax da festa, Virgínia de repente se descontrolou: abraçara, por acaso, um senhor escuro, olhos quase verdes. Afastou-se dele instantaneamente. Paulo a socorreu mas também se perturbou. O sujeito olhou-os, gaguejou e sumiu.

Havíamos combinado de amanhecer em Copacabana, a mesa do *réveillon* nos esperava. Paulo e Virgínia, porém, não voltaram ao apartamento, não se despediram de ninguém. Por volta das duas da madrugada, já não os esperávamos, toca o telefone: "a morte chegou em longas espirais metálicas". O senhor escuro de olhos verdes, quem era?

Aqui suspendo essa crônica de saudades. Saudades, verdadeiramente? Talvez sim, se ponderarmos que o tempo é a ocasião passageira dos fatos, mas sobretudo o funeral para sempre das horas – Paulo saberia de quem é este epílogo.

REFERÊNCIAS BIBLIOGRÁFICAS

ALEXANDRIAN. *História da filosofia oculta.* Lisboa: Edições 70, 1983.
ALVES, Rubens. *O suspiro dos oprimidos.* São Paulo: Edições Paulinas, 1984.
ANCHIETA, José de. *Arte de gramática da língua mais usada na costa do Brasil.* s/editora, 1595.
ANDRADE, Mário de. *Obras completas.* São Paulo: Martins Fontes, 1963.
ARAÚJO, José Brás de (org.). *A crise da USP.* São Paulo: Brasiliense, 1980.
ARIAS, Juan. *Confissões de um peregrino.* Rio de Janeiro: Objetiva, 1999.
ASSIS, Machado de. *Obras completas.* Rio de Janeiro: Editora Nova Aguilar, 1994.
AZEVEDO, Aluisio. *Casa de pensão.* Rio de Janeiro: Tipografia Militar de Santos, 1884.
BAKHTIN, Mikhail. *Questões literárias e de estética.* 3ª ed. São Paulo: UNESP-Hucitec, 1993.
BARRETO, Lima. *Obras completas.* São Paulo: Brasiliense, 1959.
BARTHES, Roland. "Estructura del suceso", In *Ensayos críticos.* Barcelona: Seix Barral, 1967.
―――――. *Roland Barthes by Roland Barthes.* Nova York: Hill and Wang, 1975.
BASTIDE, Roger (org.) *Usos e sentidos do termo estrutura nas ciências humanas e sociais.* São Paulo: Herder/USP, 1971.
BAUDRILLARD, Jean. *À sombra das maiorias silenciosas.* São Paulo: Brasiliense, 1985.
―――――. *Cool Memories – II.* Paris: Galileé, 1990.
―――――. *A sociedade de consumo.* Rio de Janeiro: Elfos Ed., 1995.
BENJAMIN, W. "A obra de arte na época de sua reprodutibilidade técnica". Apud LIMA, Luiz Costa. *Teoria da cultura de massa.* Rio de Janeiro: Saga, 1969.
BLAVATSKY, Helena. *A voz do silêncio.* Rio de Janeiro: Ground, 1990.
BERGER, Peter. *La Réligion dans la conscience moderne.* Paris: Ed. Du Centurion, 1971
BODIN, Jean. *De la Demonomanie des sorciers.* Lyon: A de Harcy, 1608.
BOURDIEU, Pierre. *A economia das trocas simbólicas.* 2ª ed. São Paulo: Perspectiva, 1987.
BUISINE, Alain. *L'Ange et la souris,* Paris: Zulma, 1997.

CALDWELL, Helen. "The Brazilian Othello of Machado de Assis". Apud SCHWARZ, Roberto. *Duas Meninas*. São Paulo: Companhia das Letras, 1997.
CAMINHA, Adolfo. *O bom crioulo*. São Paulo: Ática, 1983.
CAPRA, Fritjof. *O tao da física*. São Paulo: Cultrix, 1985.
CARNEIRO Leão. Emmanuel, *Aprendendo a pensar*. Petrópolis: Vozes, 1977.
CASTORIADES, Cornelius. *As encruzilhadas do labirinto*. Rio de Janeiro: Paz e Terra, 1987.
CLÉMENT Catherine e KAKAR Sudhir. *La Folle est le saint*. Paris. Éditions du Seuil. 1993.
COELHO, Paulo. *Brida*, Rio de Janeiro: Rocco, 1990.
———. *O alquimista*. Rio de Janeiro: Rocco, 1990.
———. *Monte Cinco*. Rio de Janeiro: Rocco, 1996.
———. *O diário de um mago*. Rio de Janeiro: Rocco, 1990.
———. *Paulo Coelho por ele mesmo*. São Paulo, Martin Claret, s/data.
———. "Manifesto de 2001", in *Revista 2001*. Rio de Janeiro, abril de 1972.
———. *Os arquivos do inferno*. Rio de Janeiro: Shogun Arte, 1982.
———. *Os limites da resistência*. Rio de Janeiro: Conservatório de Teatro, 1970.
———. *Na margem do rio Piedra eu sentei e chorei*. Rio de Janeiro: Rocco, 1984.
———. *Verônica decide morrer*. Rio de Janeiro: Objetiva, 1998.
COHN, Gabriel (org.). *Theodor W. Adorno*. São Paulo: Ática, 1986.
CULLER, Jonathan. *As idéias de Barthes*. São Paulo: Cultrix/EDUSP, 1988.
DARWIN, Charles. *A origem das espécies*. Belo Horizonte: Itatiaia, 1985.
DEBORD, Guy. *A sociedade do espetáculo: Comentários sobre a sociedade do espetáculo*. Rio de Janeiro: Contraponto, 1997.
DERRIDA, Jaques. *La Voix et le phénomène: Introduction au problème du signe dans la phènomènologia de Husserl*. Paris: Press Universitaire de France, 1967.
———. e VATTIMO, Gianni e outros. *A religião*. Lisboa: Relógio D'água, 1997.
DONATO, Eugênio e MACKSEY, Richard (org.). *A controvérsia estruturalista*. São Paulo: Cultrix, 1972.
DORIA, Eugênio e MACKSEY, Richard (org.). *A controvérsia estruturalista*. São Paulo: Cultrix, 1972.
———. e LIMA, Luiz Costa. *Dicionário crítico de comunicação*. Rio de Janeiro: Paz e Terra, 1971.
DOSTOIÉVSKY, *O jogador*. Rio de Janeiro: José Olympio, 1944.
———. *O idiota*. Rio de Janeiro: José Olympio, 1944.
DUBY, George. *O ano mil*. Lisboa: Edições 70, 1992.
DURKHEIM, Émile. *As formas elementares da vida religiosa*. São Paulo: Edições Paulinas, 1989.
ECO, Umberto. *Obra aberta*. São Paulo: Perspectiva, 1976.

———. *Como se faz uma tese*. 14ª ed. São Paulo: Perspectiva, 1996.
———. *Apocalípticos e integrados*. São Paulo: Perspectiva, 1993.
ELIADE, Mircea. *O sagrado e o profano*. *A essência das religiões*. Lisboa: s/data.
———. *Ocultismo, bruxaria e correntes culturais*. *Ensaios em religiões comparadas*. Belo Horizonte: Interlivros, 1979.
———. *O mito do eterno retorno*. Lisboa: Editora 70, 1969.
ELKANN, Alain. *Vida de Moravia*. Rio de Janeiro: Rocco, 1992.
ESTRUTURALISMO. *Revista Tempo Brasileiro*, 15/16, Rio de Janeiro: Tempo Brasileiro, s/data.
FANON, Frantz. *Les Damnés de la terre*. Paris: François Maspero, 1961.
FEURBACH, Ludwig. *La Essencia del cristianismo*. México: Juan Pablos, 1971.
FISHER. Ernst, *A necessidade da arte*. Rio de Janeiro: Zahar Editores, 1962
FORD, Anibal e LONGO, Fernanda. "La exasperacion del caso", In *Periodismo e Debate Público, Cuadernos del Periodismo*, nº 4, Buenos Aires: CECSO, 1995.
FOUCAULT, Michel. *História da loucura na idade clássica*. São Paulo: Perspectiva,1978.
FRESTON, Paul. "Uma breve história do pentecostalismo brasileiro: a Assembléia de Deus", In *Religião e Sociedade*, v. 16, nº 3 (maio 1984), Rio de Janeiro: ISER, 1994
———. "Evangélicos na política brasileira", *Religião e sociedade*, 16/1-2 Rio de Janeiro: ISER, 1993.
FREUD, Sigmund. *Obras completas*. Tomo III. Madri: Biblioteca Nueva, 1981.
FROMM, Eric. *O medo à liberdade*. Rio de Janeiro: Zahar, 1970.
GERTH, H.H. e MILLS, Wright. *Max Webber: Ensaios de Sociologia*. 5ª ed. Rio de Janeiro: Guanabara, 1982.
GIDDENS, Anthony, *As conseqüências da modernidade*. São Paulo: UNESP, 1991.
———. *A transformação da intimidade*. São Paulo: UNESP, 1991.
———. *Política, sociologia e teoria social*. São Paulo: UNESP, 1991.
GOLDMANN, Lucien. *Sociologia do romance*, Rio de Janeiro: Paz e Terra, 1967.
———. *Marxisme et sciences humaines*. Paris: Gallimard, 1970.
———. *Le Dieu caché*. Paris: Gallimard. 1964.
GOULD, Stephan Jay. *Darwin e os grandes enigmas da vida*. Rio de Janeiro: Martins Fontes, 1992.
GUERRA, Paulo Sarmento. *Ascensão pelas letras: o caso Cruz e Sousa*. São Paulo: 1973, mimeo.
———. *Noites*, Rio de Janeiro: Aquiles, 1985.
———. "Proposta para um curso espontâneo de literatura", Rio de Janeiro: 1995, mimeo.
———. "Literatura: literaturas", Rio de Janeiro: 1996, mimeo.
———. "Em torno a Paulo Coelho: idéias e intuições", Rio de Janeiro: s/data, mimeo.

GUIMARÃES, José Eugênio. *Razão e religião: Pentecostais, visão de mundo e conduta*, projeto de tese. UFRRJ, 1991, mimeo.
HOBSBAWM, Eric. *Era dos extremos*. São Paulo: Companhia das Letras, 1996.
HORKHEIMER, Max. *Eclipse da razão*. Rio de Janeiro: Labor do Brasil, 1976.
JAKOBSON, Ramon: *Essais de Linguistique Génerale*. Paris: Minuit, 1963.
──────. *Questions de Poétique*. Paris: Seuil, 1973.
JORNAL DO BRASIL. Revista Domingo, Entrevista, Rio de Janeiro, 31 de agosto de 1997.
KOJEVE, Alexandre. *Introduction à lecture de Hegel*. Paris: Gallimard, 1947.
LAJOLO, Marisa. *O que é literatura*. São Paulo: Brasiliense, 1982.
LEAKEY, Richard E. e LEWIN, Roger. *Origens*. 3ª ed. São Paulo: Ed. Melhoramentos/ UnB, 1981.
LECHNER, Norbert. "A Modernidade e a Modernização São Compatíveis?" In: *Lua Nova*. São Paulo: CEDEC & Marco Zero, nº 21, 1990.
LEVI-STRAUSS, Claude. *Antropologia Estrutural*. Rio de Janeiro: Tempo Brasileiro, 1967.
LIMA, Luiz Costa. *Teoria da Cultura de Massa*. Rio de Janeiro: Paz e Terra, 1970.
LUKACS, Georges. *La Signification présent du réalisme critique*. Paris: Gallimard, 1960.
MAFFESOLI, Michel. *A contemplação do mundo*. Porto Alegre: Artes e Ofícios, 1995.
MALLASZ, Gitta. *Dialogues avec l'Ange*. Paris: Editions Aubier, 1990.
MCLUHAN, Marshall. *Os meios de comunicação como extensões do homem*. São Paulo, Cultrix, 1995.
──────. e POWERS, Bruce R. *The Global Village*. Nova York: Oxford University Press, 1989.
MERQUIOR, J. G. *De Praga a Paris, o surgimento, a mudança e a dissolução da idéia estruturalista*. Rio de Janeiro: Nova Fronteira, 1991.
──────. *A estética de Lévi-Strauss*. Rio de Janeiro: Tempo Brasileiro/Eunb, 1975.
──────. *Arte e sociedade em Marcuse, Adorno e Benjamin*. Rio de Janeiro: Tempo Brasileiro, 1969.
MESQUITA, André. *Fernando Pessoa, o ocultismo na ótica poética*. Rio de Janeiro: Uapê, 1996.
MÉZÁROS, Istevan. *Marx: a teoria da alienação*. Rio de Janeiro: Zahar, 1981.
MONOD, Jacques. *O acaso e a necessidade – ensaio sobre a filosofia natural da biologia moderna*. Petrópolis: Vozes, 1972.
MONTAIGNE. *Ensaios*. Rio de Janeiro: Ediouro, s/data.
MORLEY, Helena. *Minha vida de menina*. Rio de Janeiro: José Olympio, 1973.
MORRIS, Desmond. *The Naked Ape*. [O macaco nu.] Nova York: McGraw-Hill, 1967.

MORSE, Richard. *O espelho de Próspero*. São Paulo: Companhia das Letras, 1994.
MUKAROVSKI, J. *Structure, Sign and Function*. New Haven: Yale University Press, 1978.
NASCIMENTO, Rodrigo Cerqueira do. *Ex-críticas, a farra do kitsch no sagrado*. 1988, mimeo.
NEILL, A. S. *Liberdade sem medo* (Summerhill). São Paulo: Brasa, 1970.
NIETZSCHE, F. *Ecce Homo. Como se chega a ser o que é*. Porto: Guimarães Editora, 1973.
NOVAES, Regina C. Reyes. "Os pentecostais e a organização dos trabalhadores", In *Religião e sociedade*, nº 5, ISER, Rio de Janeiro: 1980.
NYNAULD, I. de. *De la Lycanthropie, transformation et extase de sorciers*. Paris: Nicolas Rousset, 1605
PATARRA, Judithe. *Iara, reportagem biográfica*. Rio de Janeiro: Rosa dos Tempos, 1992
PESSOA, Fernando. *Obras Completas*. Rio de Janeiro: Cia José Aguilar Editora, 1969.
POMPÉIA, Raul. *O Atheneu*. Rio de Janeiro: Civilização Brasileira, 1981.
POPPER, Karl, *Conjectures and Refutations*. Londres: Routledge, 1962.
PORTELLA, Eduardo. *Teoria da comunicação literária*. Rio de Janeiro: Tempo Brasileiro, 1970.
———. *Fundamentos da investigação literária*. Rio de Janeiro: Tempo Brasileiro, 1981.
POUPARD, Paul (org.). *Dictionnaire des réligions*, Paris: PUF, 1984.
RAMOS, Graciliano. *Obras completas*. São Paulo: Livraria Martins Editora, 1970.
RENSCH, Bernard: *Homo sapiens, de animal a semidiós*. Madri: Alianza Editorial, 1980.
RODRIGUES, Nelson. *Teatro completo de Nelson Rodrigues*. Rio de Janeiro: Tempo Brasileiro, 1981.
ROMERO, Silvio. *Evolução da literatura brasileira*. Campanha, 1905.
ROSNAY, Joël de. *L'Homme symbiotique. Regards sur le troisième millénaire*. Paris: Seuil, 1995.
ROSZAK, Theodore. *A contracultura*. 2ª ed. Petrópolis: Vozes, 1972.
SACKS, Oliver W. *O homem que confundiu sua mulher com um chapéu e outras histórias clínicas*. São Paulo: Companhia das Letras, 1997.
SAGAN, Carl. *O mundo assombrado pelos demônios*. São Paulo: Companhia das Letras, 1997.
SAINT-PIERRE, Bernardin de. *Paul et Virginie*. Paris: Librio, 1998.
SANTOS, Joel Rufino dos. *Crônica de indomáveis delírios*. Rio de Janeiro: Rocco, 1989.
SARAMAGO, José. *Todos os nomes*. São Paulo: Companhia das Letras, 1997.

———. *O Evangelho segundo Jesus Cristo.* São Paulo: Companhia das Letras, 1992.

SCHWARZ, Roberto. *A sereia e o desconfiado.* Rio de Janeiro: Paz e Terra, 1981.

———. *Duas Meninas.* São Paulo: Companhia das Letras, 1997.

SILVIA, Helena. *A textura áspera.* Tese de mestrado. Rio de Janeiro: ECO-UFRJ, 1997, mimeo.

SODRÉ, Muniz. *Teoria da literatura de massa.* Rio de Janeiro: Tempo Brasileiro, 1973.

———. *Literatura e comunicação de massa.* Rio de Janeiro: Tempo Brasileiro, 1978.

———. *Best-seller e literatura de mercado.* São Paulo: Ática, 1988.

———. *O social-irradiado.* São Paulo: Cortez, 1992.

———. *Jogos extremos do espírito.* Rio de Janeiro: Rocco, 1994.

———. *Reinventado @ cultura.* Petrópolis: Vozes, 1996.

SODRÉ, Nelson Werneck. *Introdução à revolução brasileira.* Rio de Janeiro: Civilização Brasileira, 1958.

SPADA, Marcel. *Érotiques du merveilleux.* Paris: Joré Corti, 1983.

SUZUKI, D. T. *Introdução ao zen-budismo.* Rio Janeiro: Civilização Brasileira, 1961.

TODOROV, Tzvetan. *Nós e os outros.* Rio de Janeiro: Jorge Zahar Editores, 1993.

TORRINHA, Francisco. *Dicionário latino-português.* Lisboa: Maranus 1945.

VATTIMO, Gianni. *O acreditar em acreditar.* Lisboa: Relógio D'água, 1996.

VELOSO, Caetano. *Verdade tropical.* São Paulo: Companhia das Letras, 1997.

Este livro foi composto pela
Art Line Produções Gráficas Ltda.
Rua Visconde de Inhaúma, 64 - Centro - RJ
e impresso na Editora JPA Ltda.
Av. Brasil, 10.600 - Rio de Janeiro - RJ
em agosto de 2001,
para a Editora Rocco Ltda.